ÁRBOLES
EXCEPCIONALES
DEL MUNDO

EN MEMORIA DE MI PADRE, QUE FALLECIÓ
MIENTRAS ME DEDICABA A CAZAR ÁRBOLES

TEXTO Y FOTOGRAFÍAS DE
THOMAS PAKENHAM

ÁRBOLES
EXCEPCIONALES
DEL MUNDO

BLUME

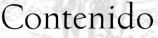

Contenido

Introducción

Otros sesenta

HACE SEIS AÑOS YA QUE ESCRIBÍ *Meetings with Remarkable Trees* (*Encuentros con árboles únicos*). Mis amigos, que habían leído mis libros sobre la historia de África, no ocultaron su sorpresa. En su momento, les pareció (también a los editores) un mero capricho el que pudiera escribir un libro sobre sesenta árboles o grupos de árboles, pero lo cierto es que fue muy bien recibido por el público. De hecho, recibí un buen número de cartas en las que la gente me confesaba que les gustaba abrazar a los árboles, pero que les daba un poco de vergüenza reconocerlo. Otros, a su vez, me confesaban que nunca antes habían prestado demasiada atención a los árboles, pero que desde que leyeron mi libro han aprendido a verlos con otros ojos. Una persona de Sudáfrica, en concreto, me dijo que me había convertido en un verdadero héroe para su familia. «Fíjese, nuestra madre tiene noventa y cinco años, está medio ciega y ya no está del todo en sus cabales, pero dice que su libro es absolutamente maravilloso.» Espero que todo esto no se me acabe subiendo a la cabeza.

Escogí los primeros sesenta árboles de un modo un tanto arbitrario, tal vez incluso caprichoso. De hecho, tan sólo me regía por tres requisitos. El primero era que los árboles tenían que crecer (o haber crecido, en el caso de que el tronco estuviera ya muerto) en el Reino Unido o Irlanda. El segundo, tenían que poseer una acusada personalidad, tanto que mi esposa, que no se puede decir que sea precisamente una fanática de los árboles, no pudiera evitar soltar una exclamación de admiración al verlos. Por último, tenían que presentar un aspecto fotogénico, esto es, que se prestara a dejarse retratar por mi cámara.

En esta ocasión, he escogido otros sesenta árboles de acuerdo con estos mismos principios, pero con una pequeña diferencia. Los árboles o grupos de árboles se hallan diseminados por todo el mundo, más allá por tanto, del territorio de Reino Unido e Irlanda. No sin cierto punto de temeridad, los editores me ofrecieron la posibilidad de recorrer el mundo a mi aire. ¿Quién no habría desaprovechado semejante oportunidad? He pasado cuatro años vagando de un lado a otro en busca de árboles con un porte noble y una fuerte personalidad. Como en el volumen anterior, este nuevo libro sobre árboles no tiene la intención de enseñarle a distinguir entre una especie u otra, ni tan siquiera a cultivarlas. Deseo, sin embargo, que le ayude a descubrir árboles que desconocía hasta la fecha y que usted tampoco pueda evitar soltar una exclamación de admiración al verlos.

En ocasiones uno sigue el rastro de un árbol muy antiguo como pueda hacerlo un cazador con el de un rinoceronte en medio de la sabana, y al dar por fin con él, descubre que está ya muerto. O peor aún, árboles de los que uno es responsable, esto es, los del jardín de casa, se encuentran seriamente dañados o un rayo los ha destrozado por completo. En la casa de mi familia en Irlanda teníamos un jardín en el que había hayas de hasta doscientos años de antigüedad. Mi favorita era un venerable ejemplar de cinco troncos. Fue la estrella indiscutible de *Meetings with Remarkable Trees* (*Encuentros con árboles únicos*), el gigante recubierto de nieve que aparecía junto a la portada, la contraportada y a lo largo de todo el libro. Como ya dije en su momento, esta haya había vivido tiempo de regalo. Puede verla en las dos fotografías

Superior y extremo superior: LOS ÚLTIMOS DÍAS DE UN ÁRBOL DE LA FAMILIA, ANTES Y DESPUÉS DE LA TORMENTA DEL 26 DE DICIEMBRE DE 1999. *Página 2,* FRONTISPICIO: EL LLAMADO «CIPRÉS DE MOCTEZUMA», EN TULA (MÉXICO), EL ÁRBOL CON EL TRONCO MÁS GRUESO DEL MUNDO. *Página 4:* «EL SENADO», CONJUNTO DE SECUOYAS GIGANTES DEL SEQUOIA NATIONAL PARK, CALIFORNIA.

que aparecen junto a estas líneas, antes y después de la terrible tormenta que hubo de padecer en el último año del milenio. Allí permanece todavía, azotada por el viento y el agua de la lluvia, con sus cinco troncos abiertos cual si se tratase de los dedos de una mano, convertida en un monumento más que en un cadáver. No me he visto con el valor suficiente de cortarla para convertirla en leña. He sentido su desaparición como la pérdida de un ser querido.

Fue la pérdida de otra de esas magníficas hayas, viejas amigas de mi familia de Irlanda, la que me inspiró a principios de los noventa la idea de escribir *Meetings with Remarkable Trees*. En cierta forma, tenía la impresión de que la amistad de aquellos árboles había sido una especie de don. La inspiración para este nuevo libro vino de dos encuentros bastante diferentes entre sí.

El primero de ellos tuvo lugar en Estados Unidos, para ser exactos en agosto de 1992, en una encantadora isla llamada Martha's Vineyard. Me encontrada dando un paseo por la calle principal de Edgartown cuando de repente me quedé boquiabierto ante una imponente sófora (*Sophora japonica*) que invadía la acera en la que me encontraba como cuando un delfín salta del contenedor en que se halla preso. «¡Madre mía!», me dije, «Seguro que es *la* sófora por excelencia, la más grande del mundo fuera de China y Japón», una suposición que más tarde me corroboraron unos amigos. Pero cuando fui al Register of American Champion Trees, una especie de registro civil de árboles catalogados que crecen en Estados Unidos, para saber más acerca de ella, descubrí que no había constancia alguna de este gigante chino que alguien (se cree que un capitán de marina llamado Thomas Milton) había plantado en aquel rincón de Martha's Vineyard. La explicación resultó ser tan asombrosa como el mismo árbol. Resulta que éste no constaba en el registro porque no era autóctono de la región. Era una especie de *alien*, un árbol inexistente que, de acuerdo con el registro, no tenía razón de ser. «¡Madre mía!», me dije de nuevo, «Estados Unidos debe de estar lleno de árboles imponentes, de ejemplares que van más allá de la imaginación si es capaz de decir a semejante sófora que se vuelva de regreso a China». Una década más tarde, descubrí que estaba en lo cierto. Casi todos los bosques antiguos de Europa habían desaparecido hacía varios siglos, pero en Estados Unidos se habían conservado todavía algunos, sobre todo en la mitad oeste del país. Para un «cazador de árboles» como yo, el oeste americano era el paraíso en la Tierra.

El segundo encuentro tuvo lugar en Sudáfrica, concretamente en noviembre de 1996. Por aquel entonces, me encontraba promocionando *Meetings with Remarkable Trees* en ese frenético mundo de los centros comerciales. «¿Qué te parece un fin de semana tranquilo con elefantes y baobabs?», me dijo el editor. Nos aprovisionamos de las correspondientes pastillas contra la malaria y recorrimos los casi 500 km que había hasta el parque nacional de Kruger. La verdad es que sabía algo de los elefantes, pero los baobabs, tan deslumbrantes y parecidos entre sí, constituyeron toda una revelación para mí. Fuera del recinto del parque, en Klaserie, dimos con un ejemplar enorme y hueco que había hecho las veces de bar durante la fiebre del oro de la década de 1880. Nos dijeron que el bar había sido lo bastante amplio

Superior: SÓFORA EN UNA CALLE DE EDGARTOWN, MARTHA'S VINEYARD, MASSACHUSETTS (ESTADOS UNIDOS). SE CREE QUE LA PLANTÓ HACIA 1833 UN CAPITÁN MARINO LLAMADO THOMAS MILTON, QUIEN LA LLEVÓ DESDE ORIENTE PLANTADA EN UNA MACETA.

como para poder servir a quince mineros en su interior. En la actualidad, la puerta se
ha cerrado casi por completo a causa del crecimiento experimentado por el árbol desde
entonces, pero aún se puede ver en su interior alguna que otra botella vacía. Este encuentro
marcó el inicio de una peligrosa relación amorosa con los baobabs. Me ha sido necesario
recurrir a la capacidad de contención de un monje para no dejar que se adueñasen de
este libro.

Como en el volumen anterior, este libro tiene que ver muy poco con los manuales
convencionales sobre botánica. De hecho, se halla estructurado en función de la personalidad
de los árboles: Gigantes, Enanos, Matusalenes, Sueños y Árboles en peligro. A diferencia del
primer volumen, en el que la mayoría de los sesenta árboles eran exóticos invasores
procedentes del exterior, en esta ocasión la mayor parte de los árboles corresponden a especies
autóctonas. Algunos de ellos son los máximos exponentes de su especie, árboles colosales
tanto por sus dimensiones como por su antigüedad, cuyos jóvenes descendientes tuve la
oportunidad de conocer en el Reino Unido e Irlanda.

En la sección titulada «Gigantes», he incluido al llamado General Sherman, una secuoya
gigante de California que, con sus 1.500 toneladas de peso, constituye el árbol (y de hecho,
el ser vivo) más grande que existe en el mundo (excluyo el hongo gigante que, con unas
dimensiones equivalentes a un campo de fútbol, crece oculto en el norte del estado de
Michigan; en realidad, nadie ha tenido la oportunidad de verlo, ya que vive bajo tierra y de
hecho no es uno solo, sino un conjunto de hongos que pertenecen al mismo clon). Entre
«Matusalenes» he incluido los pinos de la especie *Pinus longaeva* que crecen azotados por el
viento en las Montañas Blancas de California. Uno de ellos, conocido como Old Methuselah
(«el viejo Matusalén»), se dice que tiene 4.600 años de antigüedad, lo que lo convierte en el
árbol más viejo del que tienen constancia los científicos. En la sección de «Santuarios» se
encuentran algunos de los árboles más sagrados del mundo, como los inmensos alcanforeros
que se han conservado en el interior de los santuarios sintoístas de Japón, así como el árbol Bo
de Sri Lanka, de 2.200 años de antigüedad, nacido del esqueje del árbol original bajo el cual
Buda fue iluminado. En «Árboles en peligro» he incluido ejemplares que se encuentran
amenazados por la codicia de leñadores y campesinos sin recursos, como es el caso de los
exóticos baobabs de Madagascar, amenazados por el acoso imparable de los campos de
cultivo, así como las piceas, los abetos de Douglas y los cedros rojos de la costa del Pacífico de
Estados Unidos y Canadá, por cuya conservación llevan luchando los ecologistas desde hace
varias décadas ante la codicia de las industrias madereras.

En estos cuatro años de continuos viajes he entrado en deuda con un sinfín de personas que
me han ofrecido su ayuda y colaboración. La siguiente lista incluye los nombres de algunas de
las que más me han ayudado:

En AUSTRALIA: Rachel Blythe, Ross Ingram, Kingsley Dixon, Peter Valder, Peter y Nancy
Underhill, Rose Talbot, Neil Parker, Tim McManus, David Richmond, Francis y Julie Keegan,

Superior: BAOBAB EN EL QUE
SACIARON LA SED MINEROS
LLEGADOS A KLASERIE,
AUSTRALIA DEL SUR, DURANTE
LA FIEBRE DE ORO.

John Morton, Georgina Persse, Sally y Roo Wright. En NUEVA ZELANDA: Lynnaire Ryan,
Carola y Michael Hudson, Stephen King. EN CANADÁ: Sally y Keith Sacré, Joe y Joanne
Ronsley, Kim McArthur y Sherie Hodds, Michael Reynolds, Gordon Weetman y John
Worrall, Jillian Stewart. En TURQUÍA: Tricia y Timothy Daunt, Jane Baz y Vali Hüsnu
Akdesir en Antalia. En JAPÓN: Sra. Hatakeyama, Sr. Hiroshi Hayakawa, Masanori Owa,
Hideo Suzuki, Sr. Hiroaki Matsuyama, sir Stephen Gomershall, Yuriko Akishima, Tom Kiley,
Dennis Kiley. En PORTUGAL: Louis Vambeck. En ITALIA: Lupo Osti, el hermano Michele
de San Francesco, Verruchio. En BÉLGICA y HOLANDA: Philippe de Spoelberch, Ghislaine de
Spoelberch, Alain Camu, Jeroen Pater. En ALEMANIA: Heribert Reif, Gisela Doenig.
En FRANCIA: Robert Bourdu, Sybille y André Zavriew, Georgina Howell y Christopher Bailey.
En MÉXICO: mi sobrino Damien Fraser y Paloma Fraser, Adrian Thorpe. En ESTADOS UNIDOS:
Bob y Kathy Van Pelt, Chip Mueller y Angela Ginorio, Evenia y Julian Sands, Ron Lance,
Guy Sternberg, John Palmer, Edith Spink, Diana Rowan Rockefeller, Bob Pirie.
En SUDÁFRICA: Jim y Barbara Bailey, Prospero y Anna Bailey, Jessica y John Clarke, Beesie y
Nicky Bailey, Jonathan Ball y Pam Bowling, Jonathan Bowling, Therese Herbert. En IRLANDA
y REINO UNIDO: Olda y Desmond FitzGerald, Mary McDougall, Grey y Neiti Gowrie, Mark
Girouard, Patrick y Anthea Forde, Jane Martineau y Willy Mostyn-Owen, Christopher y
Jenny Bland, Lindy Dufferin, Moira Woods, Michael y Dina Murphy, James y Alyson
Spooner, Jacky y Julian Thompson, Kate y Patrick Kavanagh, Nella y Stan Opperman, Pilly
Cowell, Liam y Maureen O'Flanagan, Paddy y Nicky Bowe, David y Linda Davies, Aaron
Davis, Fionn Morgan, Daria y Alexander Schouvaloff, Simone Warner, Maurice y Rosemary
Foster, Alison y Brendan Rosse, Aubrey Fennell, David Alderman.

Superior: CABRAS
PRESENTANDO SUS RESPETOS
A UN ARGÁN PRÓXIMO A
AGADIR, MARRUECOS.

Deseo, asimismo, expresar mi más sincero agradecimiento a dos insignes botánicos que
han guiado mis pasos y mi pluma: Charles Nelson y Stephen Spongberg. Una vez más, debo
recordar lo mucho que debo a Angelo Hornak por haberme recomendado la valiosísima
cámara Linhof, a pesar de que me dijo que nunca sería capaz de utilizarla... Deseo manifestar
también mi agradecimiento al equipo de Weidenfeld, en Londres, por haber trabajado tan
duro en cada una de las etapas por las que ha pasado este libro, desde la semilla hasta el
árbol hecho y derecho, y en especial a Anthony Cheetham, Michael Dover y David Rowley.
Gracias también a Mike Shaw, Jonathan Pegg y el equipo de Curtis Brown, así como a los
editores del otro lado del océano, Bob Weil, de Norton's, en Nueva York, y Jonathan Ball, de
Johanesburgo. Por último, deseo expresar mi agradecimiento a mi paciente familia, una tribu
compuesta por cincuenta y nueve miembros entre hermanos, hijos, nietos, sobrinos y
sobrino-nietos. Muchos de ellos me ayudaron a la hora de realizar este libro, pero tan sólo
voy a mencionar a tres de ellos: mi madre, mi hermana Antonia y mi esposa Valerie. Las tres
han accedido, a menudo contra su buen criterio, a fomentar mi apasionada relación con los
árboles.

PRIMER CAPÍTULO

GIGANTES

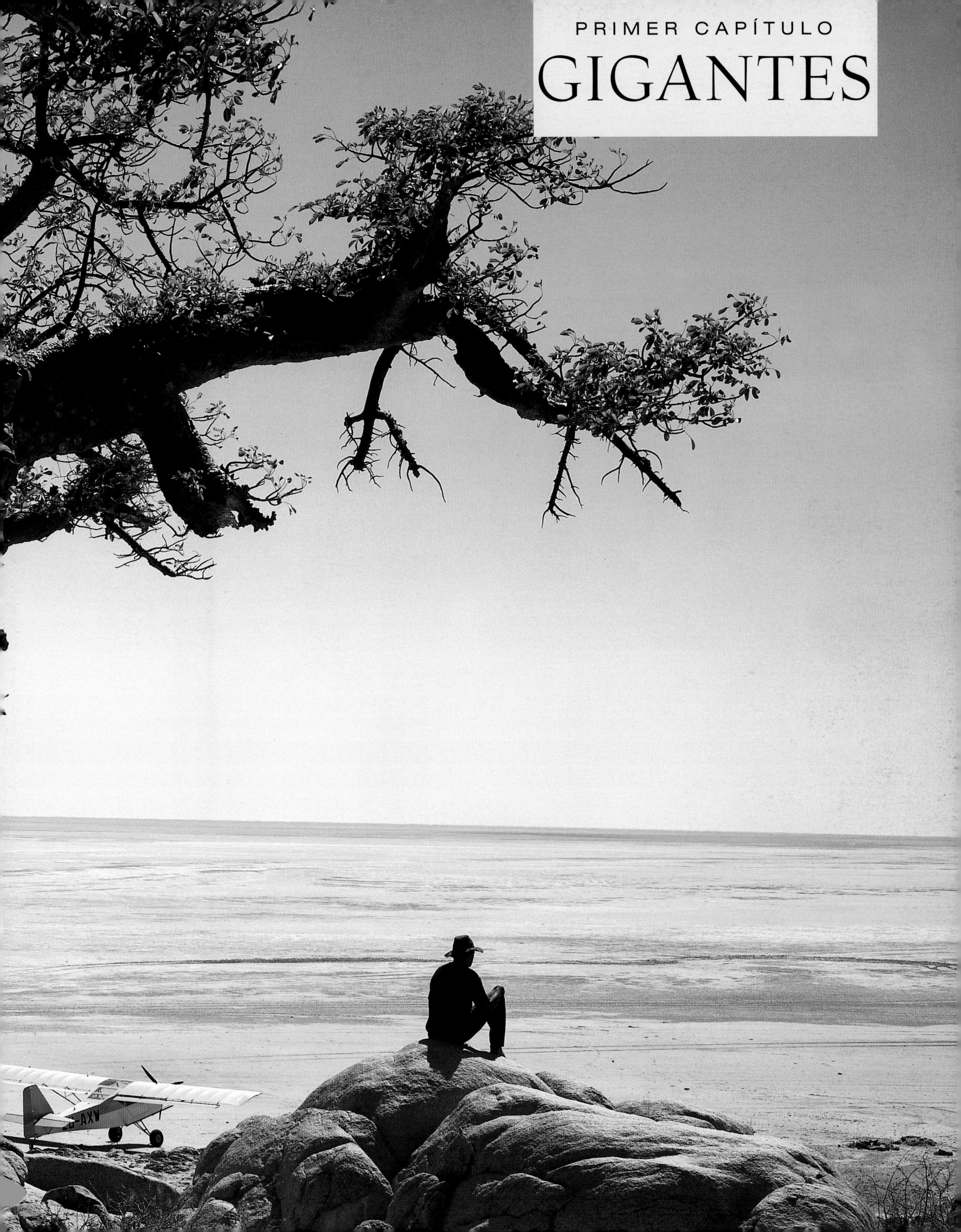

DIOSES

Hablo de gigantes de épocas olvidadas,
aquellos que me alimentaron en tiempos pasados:
nueve mundos en total, las nueve raíces del árbol,
el maravilloso fresno, se abren paso por debajo de la tierra.

La creación del mundo según el Voluspà

El último de los dioses maoríes

LA LLUVIA SUBTROPICAL EMPEZÓ A CAER DE NUEVO mientras caminaba por un camino entablado con el propósito de fotografiar el Te Matua Ngahere («el padre del bosque») y el Tane Mahuta («el señor del bosque»), nombres con los que los maoríes bautizaron a estos dos impresionantes pinos kauris antes de que el capitán Cook y los primeros colonos ingleses llegaran a las costas de Nueva Zelanda.

Los kauris son, con diferencia, los seres vivos más grandes del universo de los maoríes, quienes los veneran como dioses. Hasta que en el siglo XIX los colonos ingleses descubrieron las divinas virtudes de su madera. En la actualidad, estos dos ejemplares forman parte de la docena escasa de kauris gigantes (*Agathis australis*) que han logrado sobrevivir a doscientos años de deforestación en tierras neozelandesas. Los dos se encuentran en el Waipoua State Forest, a unos 400 km de Auckland en dirección norte. Pero lo cierto es que nunca sabremos gran cosa acerca de los otros dioses-árboles de los maoríes, ya que las industrias madereras dieron buena cuenta de los kauris más grandes y altos hace más de un siglo.

Me dirigí en medio de la lluvia hacia el primero de estos kauris, Te Matua Ngahere. Sí, la verdad es que hacía honor a lo de dios-árbol. Y no sólo por las impresionantes dimensiones de su tronco, recubierto por una suave corteza reticular de color grisáceo y con una circunferencia de algo más de 18 m a la altura del pecho de una persona, que apenas se rebaja ni un par de centímetros en los quince metros sucesivos. Donde termina el tronco nacen media docena de enormes ramas de color grisáceo que se abren como los dedos de una mano y sostienen en lo alto una auténtica jungla con orquídeas, musgos y una siniestra estranguladora, la *rata*, que había enraizado entre medio de dos ramas y dejaba caer hasta el suelo una larga y depredadora raíz (uno podría estar tentado de pensar que aquella planta había pretendido abarcar demasiado, pero cien años de espera no representan nada para una estranguladora voraz).

En un momento dado dejó de llover y me dispuse a colocar mi pesada cámara Linhof en el trípode sobre las tablas de madera del camino. Un cartel advertía a los turistas que estaba prohibido salir del entablado. Pero yo necesitaba que un pigmeo se colocara junto al árbol para realzar las dimensiones de este último. ¿Podría (o, más bien, osaría) convertirme yo mismo en ese pigmeo? Los caminos entablados están pensados precisamente para proteger las delicadas raíces de los árboles del martilleo de incontables pies humanos. Pero también hacen que tomar una buena fotografía se convierta en misión imposible. No había otra alternativa que saltarme las normas. Unos amigos me contaron que un simpático ecologista llamado Stephen King realizaba periódicas visitas al frondoso reino vegetal situado en lo alto del tronco del kauri y descendía del mismo cual Tarzán con ayuda de una cuerda atada a un árbol cercano. ¡Qué foto tan estupenda resultaría! Podía ver la cuerda de Tarzán colgando de una de las ramas. Pero aquel día no hubo ni rastro de Tarzán.

Hay ocasiones en la vida en las que un hombre tiene que hacer lo que se espera de él. Tras explicar a un temerario turista inglés qué tenía que hacer para disparar el obturador de la cámara, me coloqué mi fotogénico manto escarlata y me aventuré hacia la base del tronco de tan imponente árbol poniendo en juego mi vida y mi reputación. La fotografía salió bien, o así lo creo (juzguen por ustedes mismos), aunque la verdad es que salí con un aspecto bastante

Página anterior: TE MATUA NGAHERE («EL PADRE DEL BOSQUE»), WAIPOUA, NUEVA ZELANDA, EL KAURI CON EL TRONCO MÁS GRUESO.

Páginas 10-11: EL DOBLE BAOBAB DE KHUBU, BOTSWANA. ATERRIZAMOS EN LA MISMA SALINA.

Página siguiente: TANE MAHUTA («EL SEÑOR DEL BOSQUE»), WAIPOUA, NUEVA ZELANDA, EL MAYOR KAURI DE ENTRE TODOS LOS EJEMPLARES EXISTENTES. LOS LEÑADORES ECHARON ABAJO EJEMPLARES DE TAMAÑO AÚN MAYOR QUE ÉSTE.

Página anterior: PANORÁMICA
DEL TANE MAHUTA.

extraño después de haber cavado como una rata un agujero bajo una valla de afilados pinchos de alambre medio
oculta entre los helechos.

Al día siguiente, me dirigí a ver el otro de los kauris, Tane Mahuta, más grande incluso que el anterior.

Es evidente que tendría que haber pedido permiso para salirme del sendero entablado. ¿Por qué no lo pensé
antes? Pero el guarda forestal al que me dirigí estaba preocupado. Me dijo que le acababan de comunicar que
un turista había salido impunemente de la barrera que protegía al Te Matua Ngahere el día anterior. «Y ahí
estaba», dijo el guarda enfadado, «sonriendo hacia la cámara, sonriendo, con el rostro lastimado por los
pinchos de alambre y la espalda todavía manchada de barro». Tuve la impresión de que no era aquel el mejor
momento para pedirle permiso para ver el Tane Mahuta y me retiré con cuidado intentando disimular lo
mejor posible la espalda manchada de barro y los cortes de la cara. Mi comedimiento se vio recompensado.
Esa misma tarde supe que Stephen King, el ecologista, se encontraba trabajando en los alrededores del Tane
Mahuta y a buen seguro accedería a colocar la cámara junto al tronco.

El Tane Mahuta posee un tronco con una circunferencia algo menor que la del Te Matua Ngahere, pero
en cambio es más grande en todo lo demás. En concreto, mide algo más de 45 m desde un extremo al otro
y cuenta con unas ramas no menos impresionantes. A unos 25 m por encima del nivel del suelo hay otra jungla
de musgos, helechos y estranguladoras, refugio asimismo de Stephen King. Aquella tarde decidió quedarse en
tierra firme reparando el daño que la intensa lluvia había infligido a las raíces. Trabajaba con los pies descalzos
y ropas de color marrón, por lo que pensé que su aspecto recordaba al de un elfo. Cuando revelé la fotografía
del Tane Mahuta, apenas se distinguía al pie del tronco.

La hiena y los baobabs

MUCHO TIEMPO ANTES DE QUE ÁFRICA SE ABRIERA a los exploradores europeos, las noticias acerca de la existencia de los baobabs asombraban al mundo científico. El naturalista francés Michel Adanson se encontró por casualidad con uno de estos árboles en las islas de Cabo Verde, junto a la costa de África occidental. Dejó constancia de las majestuosas dimensiones del árbol, la circunferencia de cuyo tronco doblaba a la de cualquier otro árbol conocido en Europa, así como de su curioso aspecto, más propio de una calabacera que de un árbol, y su madera, extraordinariamente blanda, tanto que los elefantes no dudan en desgarrarla y masticarla para saciar su sed. Linneo, el gran padre sueco de los naturalistas del siglo XVIII, tuvo el detalle de bautizar el género con su nombre. Aunque lo cierto es que el baobab africano (*Adansonia digitata*) no ha dejado de desconcertar a los científicos hasta el día de hoy.

Es posible encontrar baobabs de imponentes dimensiones en un total de veinte países al sur del desierto del Sáhara. A fecha de hoy, es probable que sumen en su conjunto varios miles de ejemplares repartidos por entre los matorrales espinosos de las sabanas. Pero nadie sabe a ciencia cierta cuántos años tienen los ejemplares más antiguos. Ello se debe al hecho de que los árboles más viejos están huecos, como de hecho sucede a la gran mayoría de los árboles viejos de otras especies, y para colmo la mayoría de los botánicos se han encontrado con que los anillos que han sobrevivido en el estrecho perímetro de corteza no permiten llevar a cabo contabilización alguna, ya que apenas aparecen dibujados. Luego está la misteriosa cuestión de la vida sexual de este tipo de árboles. ¿Los fecundan los murciélagos o algún otro animal? ¿Y qué otro árbol se ha ganado la reputación de desaparecer por completo, tal como sucede aparentemente con el baobab, como consecuencia de un fenómeno de combustión espontánea?

Poco se sabe a propósito de este árbol salvo el hecho de que ha tenido un papel muy destacado en el universo mítico de la región. No en vano es el árbol que, según cree un gran número de pueblos africanos, alberga los espíritus de los antepasados (de ahí la necesidad de evacuar dichos espíritus cuando los baobabs que los albergaban fueron condenados a morir bajo las aguas debido a la construcción de la presa de Kariba, en Zambia, allá por los años sesenta; finalmente la evacuación se realizó rompiendo las ramas de la parte alta de las copas y atándolas a otros ejemplares situados en una zona a salvo). Asimismo, se trata del «Árbol Invertido» que aparece en los mitos sobre la creación. Cuando el Gran Espíritu creó el mundo, entregó a cada animal un árbol determinado. El baobab fuera parar a manos de la hiena, quien disgustada lo arrojó al suelo, de ahí que desde entonces creciera al revés, con las raíces vueltas hacia arriba como si fueran las ramas.

En 1998, tuve la oportunidad de comprobar sobre el terreno si podía compartirse el parecer de la hiena. Así fue como emprendimos una expedición (dos en una avioneta y los otros dos en un todoterreno) con el propósito de visitar algunos de los baobabs más grandes y hermosos de Botswana, sobre todo uno en el que según se dice Livingstone, el gran misionero y explorador del siglo XIX, dejó grabadas sus iniciales.

Izquierda: BAOBABS DE LA ISLA DE KHUBU, BOTSWANA.

Página anterior: EL BAOBAB DE GREEN, BOTSWANA.

Inferior: DETALLE DE LAS INSCRIPCIONES, ENTRE LAS QUE SE PUEDE LEER «GREEN'S EXPEDITION 1858». LIVINGSTONE NO DEJÓ INSCRIPCIÓN ALGUNA.

El primero que visitamos fue el Greens's Tree («el árbol de Green»), llamado así en honor al explorador que pasó junto a él en 1858. Fue fácil dar con él, ya que el propio Green dejó grabadas las palabras *Green's Expedition 1858* en la blanda corteza rosada de la base del árbol. Supongo que si uno está poniendo en riesgo su vida explorando los límites del desierto de Kalahari, le están permitidas ciertas libertades, como la de dejar escrito su nombre en los árboles junto a los que pasa. Pero al hacerlo sienta un mal precedente. Y Green sentó ciertamente un mal precedente, pues todos los que han pasado después que él han ido añadiendo desde entonces sus firmas, todos menos el propio Livingstone. Siempre me ha caído bien Livingstone. Es como un héroe para mí (trató en todo momento mejor a los africanos que la inmensa mayoría de sus coetáneos europeos) y me gustó saber que además trató mejor también a los árboles.

El segundo baobab era el Chapman's Tree, bautizado en recuerdo de otro explorador de la región de Kalahari. En éste, sin embargo, no había firma alguna. Era de unas dimensiones gigantescas y de una belleza deslumbrante, sin duda alguna la morada perfecta para los espíritus de los antepasados. Fotografié a un joven africano de pie junto a su centro a modo de homenaje.

La gran mole ovalada que dibujaban los troncos de formas curvas me recordó a *La catedral*, la célebre escultura en bronce de Rodin compuesta de dos manos a punto de entrelazarse.

Pero lo mejor de aquella expedición todavía estaba por llegar. A unos 160 km en dirección sur se encontraba la isla de Khubu, donde según dicen los lugareños los baobabs son tan hermosos que hasta las hienas se sienten dichosas de vivir junto a ellos.

Debe de ser sin duda una experiencia poética llegar a la isla por mar y ver a los baobabs jugueteando cual ballenas en el horizonte. Pero la estación seca dura diez meses en esta región colindante con el mismísimo desierto de Kalahari, y durante gran parte de ese tiempo el lago de sal, el más grande de todo Botswana, es tan sólo una sucesión de espejismos.

Atravesamos, pues, la resplandeciente salina en un todoterreno, siguiendo el rastro todavía reciente dejado por las ruedas de algún otro vehículo que también se dirigía a la isla (habría sido una locura quedarse clavados a 15 km de la orilla). Por encima nuestro, dos compañeros nos sobrevolaban en una avioneta, que en la distancia parecía más bien un gran aeroplano plateado de juguete que estarcía con su sombra los baobabs del lejano horizonte, hasta que por fin tomó tierra y nos reunimos todos.

Livingstone quedó cautivado por los baobabs del sur de África, a los que comparó con rábanos, zanahorias y nabos gigantes. Estos símiles tienen su sentido tierra adentro, pero aquí, en la isla de Khubu, los baobabs presentan una apariencia más animal que vegetal, en concreto de mamíferos acuáticos, como ballenas o hipopótamos (nunca mejor dicho, pues *khubu* significa «hipopótamo» en tswana), o bien de monstruos marinos. En cualquier caso, sea cual sea el calificativo que se les dé, son unas criaturas milagrosas. Literalmente, no hay en la isla de Khubu ni un centímetro de tierra sobre el que no puedan crecer, e incluso lo han hecho sobre el suave granito de tonos rosados.

Levantamos nuestras tiendas bajo un conjunto de árboles de aspecto acogedor. «No te preocupes de las hienas», me dijeron mis amigos, «tan sólo cerciórate de que duermes con las piernas dentro de la tienda para que así no se sientan tentadas de tocarte». En todo momento mantuve las piernas dentro de la tienda, pero lo cierto es que apenas conseguí cerrar los ojos. En dos ocasiones me desperté con la risa de una hiena, que, como es obvio decir, no encontré nada divertida.

Con la puesta del sol la suave corteza de los baobabs rebosaba salud, pasando del rosado inicial al bermellón, como las rocas de granito sobre la que descansaban. Al día siguiente el sol sobre nuestras cabezas dio de lleno en las rocas y los árboles con la misma intensidad con que el martillo golpea sobre el yunque. A pesar de que nos encontrábamos a principios de otoño, la estación en que se forman los frutos, en las ramas no se veía colgando ninguna vaina con semillas. Las hojas, de un intenso color verde y forma de mano humana (de ahí el nombre de la especie, *digitata*), empezaban a marchitarse y a caer al suelo. En la década de los noventa el sur de África sufrió una larga serie de sequías anormalmente severas como resultado del recalentamiento general del planeta. Hasta los baobabs de Khubu, esas milagrosas criaturas que brotan de entre las rocas, tienen un límite.

A medida que la sombra de la avioneta avanzaba por la resplandeciente salina bajo nosotros (ahora me tocaba a mí ir a bordo de aquel juguete plateado), me sobrevino un sombrío pensamiento. En los próximos veinte años, cuando el mundo se haya recalentado más de lo que ya lo está en estos momentos, ¿acabarán los baobabs por abandonar el desierto de Khubu para dejárselo a las hienas?

Superior: BAOBAB DE CHAPMAN, BOTSWANA.

Página siguiente: DETALLE DE LOS CINCO TRONCOS QUE CONFORMAN «LA CATEDRAL».

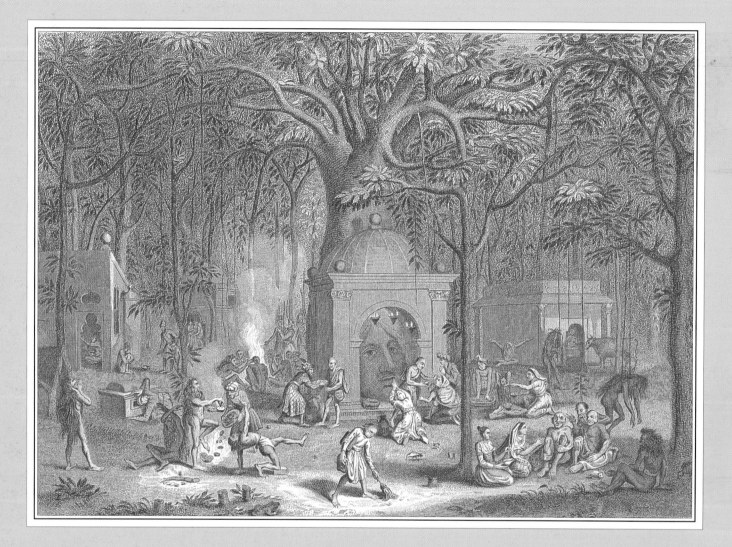

DIOSAS

Adéntrate en estos bosques encantados,
tú que tienes miedo.
Nada te puede lastimar bajo las hojas...
Es justo que lo hagas.
Sólo ante el temor del sombrío temblor,
aquietan su forma.
Junto a los cabellos
tienes mil ojos con capucha.
Adéntrate en estos bosques encantados,
tú que tienes miedo.

GEORGE MEREDITH, *THE WOODS OF WESTERMAIN*

Salvar a la Gran Diosa Madre

HACE NUEVE AÑOS, CONCRETAMENTE EN 1994, el pánico se adueñó de la pequeña localidad de Tule, cerca de la ciudad de Oaxaca, en los altiplanos del sur de México. El renombrado ciprés de Tule, conocido simplemente como El Árbol, a cuyos pies los lugareños tenían por costumbre sentarse al atardecer y comentar las noticias del día, ese árbol que según los expertos no sólo era el más grande de todo México, además de símbolo de su poder y orgullo frente a la conquista de los españoles llevada a cabo en el siglo XVI, sino también el árbol con el tronco más grande del mundo, estaba muriéndose.

Acudieron especialistas procedentes de tierras tan lejanas como los Royal Botanic Gardens de Kew, en las proximidades de Londres. Tras estudiar el ejemplar de ciprés de Moctezuma (*Taxodium mucronatum*), de casi 43 m de altura y unos espectaculares 58 m de circunferencia a la altura del tronco, sacudieron la cabeza. Antaño, aquellas inmensas ramas abovedadas que semejaban las nervaduras de una catedral gótica habían llegado a descender en forma de arcos de intenso color verde hasta el nivel del suelo. Ahora las hojas se estaban tornando amarillas en plena primavera y había ramas muertas por doquier.

El árbol estaba padeciendo una acuciante falta de agua. Ésa fue la conclusión de los expertos venidos de Kew. *Tule* significa «marisma» en zapoteca y durante siglos, antes de la llegada incluso de los españoles, el ciprés había disfrutado de la abundancia de un carrizal bañado por dos ríos de la región. Hasta que la marisma se desecó, se erigió una iglesia de Nuestra Señora justo en frente del imponente árbol (tal vez sobre los restos de un antiguo templo de los zapotecas), se ajardinaron los alrededores y de repente se vio creciendo en medio de una bulliciosa población colonial a la que los indios acudían para vender sombreros de paja, telas de vivos colores y estatuillas de los antiguos dioses de la época precolonial.

«Desvíen el tráfico, vállenlo para mantenerlo a salvo de los curiosos y rieguen el árbol.» Los consejos de especialistas se siguieron al pie de la letra y el paciente empezó a mostrar síntomas de recuperación. Cuando tuve la oportunidad de visitar El Árbol en diciembre del año 2001, las ramas muertas se habían podado con el mayor de los cuidados y algunas de las heridas resultantes, que estaban pintadas de blanco, estaban empezando a sanar. El ciprés, aun debilitado y mutilado, no ha dejado de irradiar majestuosidad. De hecho, podría decirse que la familia a la que pertenece, las taxodiáceas, es la más poderosa de cuantas familias botánicas existen. Los primos californianos de este ciprés de Moctezuma, las secuoyas (*Sequoia sempervirens* y *Sequoiadendron giganteum*), se consideran los árboles más altos y robustos del mundo, respectivamente. Pero el ciprés de Moctezuma que crece en Tule procede de un mundo mucho más numinoso. En California uno puede abrazar el tronco de una secuoya gigante, esa imponente columna de corteza blanda y esponjosa de tonos rosados que se pierde allá en lo alto, en medio de la neblina. Aquí, en Tule, es El Árbol el que le acaricia a uno. Te envuelve con sus enormes brazos desnudos de color marronáceo y su cabellera de un intenso color verde, como la diosa madre de los tiempos de los zapotecas, y con un simple movimiento podría aplastarnos cual cochinillas.

Al igual que su futuro, su pasado es apasionante y no pocas veces provoca cierto escalofrío entre sus admiradores. Hay dos preguntas obligadas; primera: ¿es tan viejo como aparenta?, y segunda: ¿se trata de un árbol, o en realidad de tres?

Empecemos por su más que discutida edad, que los poetas, los políticos y los relaciones públicas sitúan en torno a los dos mil o tres mil años. ¿Y por qué no? No sería nada descabellado pensar que el árbol con el tronco más grueso del mundo fuera también uno de los más viejos. Pero la verdad es que la corteza no hace honor a semejante hipótesis. Y es que en una región con veranos tan húmedos y cálidos, esta especie puede crecer a una velocidad realmente extraordinaria. Se ha conservado una leyenda zapoteca a propósito de la edad del árbol, según la cual Pechocha, que servía a Ehecatl, el dios de las tormentas entre los aztecas, lo plantó para la gente

Página anterior: EL CIPRÉS DE MOCTEZUMA DE TULE, EN LA PROVINCIA MEXICANA DE OAXACA (DETALLE DE LA CARA SUDESTE).

Página siguiente: VISTA DEL CIPRÉS DE TULE DESDE LA CARA SUDESTE.

de Tule hace unos 1.400 años. Y, por extraño que pueda parecer, algunos
científicos coinciden con la leyenda. A principios de los años veinte, un
botánico llamado Casiano Conzatti se pasó un año entero estudiando
el árbol y, después de contar los anillos de los troncos de otros cipreses
caídos en los alrededores, concluyó que tenía entre 1.433 y 1.600 años
de antigüedad. Por supuesto, un diámetro más grande «verdadero»
hubiese ampliado la edad del árbol a los 2.000 años.

La segunda cuestión, que probablemente provocará la ira de sus
admiradores, es si realmente se trata de tres árboles diferentes bajo la
apariencia de uno. La polémica al respecto se remonta por lo menos
hasta tiempos del mismísimo Alexander von Humboldt, el gran naturalista
alemán, quien en 1803 realizó una visita a México. En su *Ensayo político
sobre Nueva España* dejó escritas las siguientes palabras:

> En la población de Santa María del Tule [...] hay un enorme
> *sabino* (ciprés), el tronco del cual mide 36 m de circunferencia.
> Este antiguo ejemplar es aún más corpulento que el drago de las
> islas Canarias o que cualquier baobab (*Adansonia*) de África. Pero
> si se estudia de cerca [...] se concluye que este *sabino* que tanta
> admiración provoca entre los viajeros no es un árbol, sino en
> realidad un conjunto compuesto por tres troncos unidos entre sí.

En la actualidad, los admiradores del árbol se encuentran en condiciones
de refutar tan humillante aseveración de Humboldt, o al menos parte de
ella. Según los últimos análisis del ADN, se puede decir que El Árbol es,
desde un punto de vista genético, un único ejemplar y no tres nacidos
de otras tantas semillas que hayan acabado creciendo juntos. Ahora
bien, ¿pueden brotar tres troncos con idénticos genes de una misma
raíz? Es ciertamente una posibilidad, aunque algunos científicos lo
ponen en duda. Llevaría cierto tiempo explicar el asombroso grosor del
tronco de El Árbol. Por otro lado, en caso de hacerlo es posible que
dejara de ostentar el título del árbol con el tronco más grueso de todo
el mundo al decir de algunos especialistas.

«Pero ¿a quién le importa?», me preguntaba a mí mismo mientras me
situaba bajo sus enormes brazos el pasado mes de diciembre. ¿A quién
le importa? Después de todo, ¿acaso no es privilegio de un dios poseer
una triple naturaleza, ser tres en uno o uno en tres?

Hasta el más tonto puede subirse a un eucalipto

A UNOS 400 KM AL SUR DE PERTH, en la región más húmeda y verde de Australia Occidental, crecieron antaño algunos de los mejores bosques de todo el mundo, con cientos de miles de hectáreas recubiertas de unos eucaliptos a los que los aborígenes conocen con el nombre de *karri*. La mayor parte de aquella masa boscosa se acabó convirtiendo en terrenos de cultivo, y los árboles más grandes se transformaron en balsas, así como en las vigas con las que se construyó la ciudad de Perth. Por suerte, algunos de los ejemplares más antiguos y de mayor tamaño han encontrado refugio en los parques nacionales de la región. Los botánicos dieron a estos árboles el nombre científico de *Eucalyptus diversicolor* en alusión al contraste de color que se da en sus hojas. Pero en mi opinión es la delicada textura marmórea del tronco y su ondulante follaje, así como sus imponentes dimensiones, lo que hace del *karri* la más noble de entre las 600 especies de eucaliptos existentes.

Hace cinco años, concretamente en 1998, tuve la oportunidad de visitar cuatro de los más altos y elegantes de entre dichos eucaliptos, a los que se conoce popularmente como Los Cuatro Ases. La verdad es que Las Cuatro Gracias habría sido mucho más adecuado. Se encuentran en un claro situado junto a un riachuelo y un viñedo, una especie de Arcadia a la australiana. El sol se encontraba bajo en el momento en que los vi por primera vez y la débil luz de los rayos solares proyectaba unas sombras violáceas sobre la superficie marmórea de los troncos y las ramas superiores. Tras sacar una fotografía, una persona que pasaba por allí me dijo que muy cerca había otros tres *karris* también de enormes dimensiones. «Puedes subirte a ellos.» Pensé que estaba bromeando. Más tarde un amigo me dijo que hasta hacía bien poco aquellos *karris* se habían usado como atalayas para avistar los incendios. En la actualidad, se habían convertido en uno de los atractivos turísticos de Australia Occidental. «¿Por qué no te acercas? Hasta el más tonto puede subirse a un eucalipto. Nadie te impide subirte a ellos, hasta las señoras de más edad lo hacen. Además, si lo haces te obsequiarán con un recuerdo impreso.» ¿Cómo podía resistirme a semejante reto? Bueno, lo cierto es que lo hice en algunos, hasta que en noviembre del año 2001 me encontré por fin frente a la cara norte del Everest del mundo de los árboles.

El más alto de todos es el llamado Gloucester Tree, de unos 63 m de altura. La espiral de la escalera, compuesta de barrotes de acero insertados en el tronco vivo del árbol, se perdía entre la frondosa copa situada sobre mi cabeza. Empecé a ascender poco a poco. La panorámica desde la plataforma que hacía de mirador en lo alto se vio empañada por una nube baja. No tuve la tentación de quedarme más tiempo del necesario. Lejos, al pie del eucalipto, una fila de decididas ancianas que habían bajado de un autocar turístico se disponían a emprender la ascensión hacia lo alto. Lo peor del descenso fue cuando noté que pisaba algo blando. Supongo que se trataba de una mano. ¿Sería acaso la de una de las ancianas? No me atreví a mirar hacia abajo. El caso es que tanto el uno como el otro salimos airosos del encuentro.

Cuando llegué al suelo, el guarda forestal me explicó que habían dejado de obsequiar con un certificado a las personas que ascendían hasta lo alto. «Pero seguro que no todo habrán sido éxitos», le dije desesperado. «Tres muertos desde que llevo aquí», me contestó. «Todos hombres. Uno murió en lo alto, otro cayó al suelo y el tercero falleció ya en el autobús. Todos ellos de un ataque al corazón. Podría haberles pasado en cualquier otro lugar.»

Y a cualquiera. Fue un milagro que saliera vivo de aquella experiencia.

Página siguiente: LOS CUATRO ASES, AUSTRALIA OCCIDENTAL, AL ATARDECER. ¿NO HUBIERA SIDO MÁS ADECUADO LLAMARLOS LAS CUATRO GRACIAS?

Inferior: GLOUCESTER TREE, AUSTRALIA OCCIDENTAL, CUANDO EMPRENDÍA LA ASCENSIÓN DE 63 M POR LA ESCALERA DE BARRAS DE ACERO.

Secuoyas que llegan hasta las nubes

CHARLES SARGENT, EL ENTUSIASTA DIRECTOR del Arnold Arboretum de Boston, afirmó en una ocasión que las secuoyas que crecen en la costa de California (*Sequoya sempervirens*) eran las más espléndidas de entre todas las coníferas, y sus bosques, los más impresionantes de entre todos los bosques perennifolios de Estados Unidos. Coincido con Sargent en lo concerniente a los bosques, pero no así en la primera de sus afirmaciones.

Antes de que llegaran los primeros colonos, había más de 8.000 km² de bosques vírgenes de este tipo de secuoyas a lo largo de los 800 km de la franja costera que media, sumida en la niebla, entre Monterrey y Oregón. El atractivo era irresistible: madera barata, de buena calidad y aparentemente inagotable. San Francisco se construyó con ella. Hoy en día, en las diversas áreas protegidas de la región (varios parques estatales y uno nacional) tan sólo se conserva poco más del 3 % de aquellos bosques originales. La protección de tales vestigios ha sido objeto de una lucha de proporciones homéricas entre la industria maderera y los defensores del medio ambiente, una lucha de gigantes que se inició hace más de un siglo de la mano de John Muir y que ha proseguido hasta la fecha la asociación Save-the-Redwoods League, así como un sinfín de heroicos activistas como «Butterfly Hill», una joven que vivió dos años subida en lo alto de una secuoya a 60 m de altura.

Los restos que se han conservado hasta nuestros días siguen siendo mágicos. Pero ¿cómo se hace para fotografiar algo más que la base de semejantes gigantes? Y es que las copas suelen perderse entre las nubes o bien entre los densos bancos de niebla procedentes del Pacífico. Pero aun cuando el cielo está despejado y el sol brilla en lo alto, las copas, ocultas entre la densa frondosidad del bosque, permanecen invisibles para alguien que pretenda contemplarlas desde el suelo. Los expertos, sin embargo, han logrado subir hasta ellas por medio de cuerdas y las han medido con rayos láser, por lo que están en condiciones de decirnos con una precisión milimétrica cuál de todos estos árboles ostenta el título del más alto del mundo.

En estos momentos, el campeón es una secuoya de algo más de 112 m de altura a la que se conoce popularmente como «Stratosphere Giant», y que se considera en términos un tanto grandilocuentes como «el ser vivo más alto del que se tiene constancia». La descubrió en los años noventa un joven científico llamado Steve Silett, especializado en frecuentar el aire enrarecido de las copas de las secuoyas. Tanto él como sus rivales «cazadores de árboles» gigantes han identificado un total de 26 ejemplares que superan los 109 m de altura, 18 de los cuales se encuentran en un área concreta del Humboldt State Park. La competencia por hacerse con el título es muy intensa y la identidad del ganador varía casi a diario. Se han identificado 86 secuoyas que superan el listón de los 106 m y buena parte de ellas crecen a mayor velocidad que los guisantes. En cualquier caso, no cabe duda de que, sea quien sea el campeón, pertenece a la especie de *Sequoya sempervirens*. Se sabe que los inmediatos competidores en esta carrera por las alturas son el fresno de Australia (*Eucalyptus regnans*) y el abeto de Douglas, si bien se hallan a una distancia prudente. Más bajo aún, aunque más grande en cuanto a peso y volumen, es la otra especie de secuoya que crece en los bosques de California (*Sequoiadendron giganteum*), en concreto en la Sierra Nevada californiana, a 320 km en dirección este.

Recorrí en coche el Humboldt State Park un día tristón de noviembre. En un momento dado, el corazón me empezó a latir con fuerza. En algún lugar remoto por encima de mi cabeza, invisible en medio de la lluvia y la niebla, se encontraba la copa del viejo Stratosphere Giant, el mismísimo campeón con sus algo más de 112 m de altura, el equivalente a un rascacielos de más de treinta plantas.

Página siguiente:
EJEMPLARES DE *SEQUOIA SEMPERVIRENS*, JEDEDIAH SMITH STATE PARK, CALIFORNIA.

Superior: Detalle de un ejemplar de
Sequoia sempervirens, Jedediah
Smith State Park, California.

Página siguiente: El Corkscrew
Tree, un ejemplar de *Sequoia
sempervirens* del Prairie Creek
State Park, California.

Si se contemplan uno a uno, los árboles no resultan tan impresionantes como los ejemplares de *Sequoiadendron giganteum* que crecen en Sierra Nevada, a pesar de la afirmación de Sargent. Pero en tanto que bosque perennifolio vasto y uniforme, irradia una magia especial con sus imponentes troncos marronáceos, cual pies en movimiento, sobre una llanura pantanosa de más de 30 km de acederas y helechos.

¿Un bosque de diosas? No; al menos aquí, en el Humboldt State Park. Pero un poco más al norte, siguiendo la costa que conduce hasta la frontera con el estado de Oregón, los bosques resultan aún más mágicos, más exuberantes (llueve todavía con mayor intensidad) y se hallan en un entorno más poético de colinas esponjosas y profundas quebradas.

Las fotografías apenas constituyen más que un mero aperitivo. La primera de ellas permite hacerse una idea del bosque desde las afueras de la antigua población maderera de Crescent City, unos cuantos kilómetros cuadrados milagrosamente conservados bajo el nombre de Jedediah Smith State Park. Incluso aquí, la sequía y los incendios propios del verano pasan factura. Pero a diferencia de sus primas que crecen en Sierra Nevada y de la mayor parte de las coníferas, las secuoyas de la costa son capaces de rebrotar a partir de los tocones, de ahí que el bosque esté repleto de ejemplares jóvenes nacidos de los tocones ennegrecidos de sus padres.

La segunda fotografía muestra uno de los ejemplares más caprichosos, el Corkscrew Tree («el árbol destornillador»), situado en el Prairie Creek State Park. No conozco a muchas otras diosas tan retorcidas como ésta. Pero la verdad es que el efecto resulta de lo más poético: las guirnaldas de hojas tiernas embellecen el imponente tronco retorcido, al tiempo que dos árboles más jóvenes, una cicuta y un arce de hojas grandes y amarillentas cubiertas de musgo se postran a sus pies en señal de homenaje.

Néctar en la Casa de los Representantes

Página siguiente:
La «Casa de los
Representantes»,
nombre con el que se
conoce a un grupo de
secuoyas gigantes del
Sequoia National Park,
California.

RESULTA CUANDO MENOS CURIOSO, PODRÍA UNO PENSAR, incluir en esta sección del libro consagrado a las diosas a un conjunto de políticos. Pero no es culpa mía. Estas secuoyas gigantes son elegantes y femeninas: unas titánides de color canela con una cintura que oscila entre los 12 y los 15 m, y con unos brazos recubiertos de hojas de un verde resplandeciente que se elevan hasta los 60 m por encima del suelo. Fue la vanidad de los políticos, un siglo atrás, la que les llevó a bautizarlas con un nombre tan incongruente como «The House» («La Casa»), en alusión al Parlamento («the House of Representatives», en inglés).

Veamos cómo sucedió. Después de treinta años de llamar a las puertas del poder en Washington, los defensores del medio ambiente, liderados por un inmigrante escocés llamado John Muir, lograron salvar los mejores reductos donde vivían las secuoyas gigantes (*Sequoiadendron giganteum*) de las hachas y las sierras de las compañías madereras. El bosque donde crece este conjunto de árboles se legó al país en 1890 bajo el nombre de Sequoia National Park. Teddy Roosevelt, gran aficionado a la caza de osos, mostró en todo momento su opoyo al proyecto. Y los políticos, para recompensar su generosidad con el dinero de los contribuyentes, bautizaron con nombres de la esfera política a un gran número de los mejores ejemplares, como «Lincoln» (dos árboles diferentes), «The President», «The Senate», «The House», etcétera.

Tuve la enorme suerte de hallarme recorriendo este bosque cuando se hallaba cubierto por una espesa capa de nieve un día de marzo a las ocho de la mañana. Estos imponentes árboles se encuentran a gusto en el aire puro que se respira a casi 2.000 m de altitud en plena Sierra Nevada californiana, en la cara de las Rocosas que da al Pacífico. En primavera tiene lugar un maravilloso caleidoscopio de lluvia y sol, y en invierno las raíces quedan recubiertas de nieve. Es lo más parecido al paraíso.

Pero las estaciones traen consigo su ración de incendios. Es imposible no ver su huella en la mayoría de los ejemplares de mayor tamaño en la forma de profundas quemaduras que llegan hasta el mismo corazón del tronco, a pesar del tanino a prueba de llamas que corre por sus venas y de la especie de asbesto que recubre la corteza. En ocasiones, un ejemplar muy viejo situado en una zona de pendiente pronunciada y que con el tiempo ha ido acumulando un gran número de ramas muertas en la parte superior del tronco es presa de las llamas, pero los guardas forestales no intervienen. Han aprendido bien la lección. Es preferible un pequeño incendio provocado por un rayo o intencionado para despejar la maleza acumulada alrededor de los grandes troncos que un holocausto posterior. El fuego es, por otro lado, del todo imprescindible para asegurar la continuidad de la especie de la mano de los ejemplares más jóvenes, si bien dichos reemplazos tan sólo son necesarios una vez cada mil años. Y es que el fuego se encarga de eliminar a rivales como los pinos y los abetos, que cuentan con una corteza más delgada y una resina altamente inflamable en vez de taninos en sus venas. Tras un incendio, se forma un lecho de ceniza en el que acaban cayendo las semillas de las secuoyas gigantes procedentes de las piñas incandescentes situadas en lo alto.

Pero estos pequeños incendios tienen lugar tan sólo en verano, cuando el parque está lleno de guardas forestales y excursionistas. En marzo, cuando se encuentra vacío y el sol brilla entre la niebla, uno puede colocarse a los pies recubiertos de nieve de estas titánides y sentirse como un dios con un sinfín de copas de néctar.

El Soltero y las Tres Gracias

Izquierda: EL SOLTERO Y LAS TRES GRACIAS, PARQUE NACIONAL DE YOSEMITE, CALIFORNIA.

NADA MÁS FRANQUEAR LA ENTRADA SUR DEL Parque Nacional de Yosemite, en California, se encuentra uno de los más espectaculares conjuntos de secuoyas gigantes, el que se conoce con el nombre de Mariposa Grove. Un nombre éste ciertamente extraño, podría uno pensar, para tratarse de gigantes de hasta quinientas toneladas de peso. Pero a principios del siglo XIX los exploradores españoles y mexicanos dieron en bautizar de este modo a un asentamiento situado en medio de los hermosos pinares situados en las faldas de Sierra Nevada. Por aquel entonces, las secuoyas gigantes permanecían todavía ocultas en la parte más alta de las montañas, y tan sólo sabían de su existencia los indios de la región. El primer conjunto de secuoyas que descubrieron los europeos fue el de Calaveras, a unos 80 km al norte de Mariposa, y el encuentro no tuvo lugar hasta 1852, una década después de que Estados Unidos arrebatara California a los mexicanos. De todos modos, el nombre no resulta del todo inapropiado. Y es que un gran número de las secuoyas que crecen en Mariposa destacan por su elegancia, sobre todo los hermosos ejemplares conocidos como el Soltero y las Tres Gracias.

La fotografía que aparece junto a estas líneas la tomé a mediados de noviembre, después de que la primera tormenta de invierno hubiese hecho acto de presencia y dejara tras su paso un sinfín de manchas de barro entre las grietas de la corteza y las piñas vacías al pie de los árboles. El sol no calentaba demasiado a los casi 2.000 m de altitud en que se hallan, en medio de un bosque silencioso y casi desierto. Durante el verano, el parque de Yosemite se encuentra a rebosar de excursionistas. No sorprende que un buen número de personas decida visitar al menos una vez al año las maravillas del lugar (sus imponentes cañones, las vertiginosas cascadas), y Mariposa cuenta con su propio cupo de boquiabiertos visitantes. La verdad es que se trata de un fenómeno que no tiene nada de nuevo. Uno de los primeros blancos que manifestó su admiración por Yosemite fue el presidente Lincoln, quien tras realizar un alto por estas tierras en 1864 durante la guerra civil declaró Mariposa Grove y el valle de Yosemite «reserva estatal protegida». Hacia 1880, Mariposa podía enorgullecerse de albergar el «árbol más famoso del mundo», el Wawona Tunnel Tree, en cuyo tronco se practicó un túnel para que pudieran circular los carros. Hoy en día, esta manifestación de homenaje a estos árboles gigantes ha quedado en desuso. Sin embargo, hacia 1880 se entendió como una buena manera de dar publicidad a la campaña en favor de la conservación de las secuoyas frente a la codicia de la industria maderera. En 1890, Yosemite fue declarado parque nacional y Mariposa se le añadió unos pocos años más tarde.

Por suerte, tanto al Soltero como a las Tres Gracias se las ha dejado más o menos a su aire, y tan sólo una sencilla verja las protege de sus más ardientes admiradores. Parte de la indudable elegancia que transpiran estas secuoyas se debe al hecho de que no son ni muy grandes ni muy viejas, tal como, por otro lado, suele ser el caso de las secuoyas gigantes. Pero el Soltero y las Tres Gracias han sabido mantenerse en la flor de la juventud, con su corteza entre rojiza y grisácea, sus voluptuosas curvas y el verde intenso de sus hojas. Nadie sabe con certeza cuántos años tienen, pero puedo imaginarme que hace tan sólo unos 700 años que empezaron a galantear entre ellos en este precioso paraje natural.

OSOS

Una canción de California...
Un coro de dríades desvaneciéndose, yéndose, o de hamadríades alejándose.
Una voz imponente y sombría que murmura, más allá del cielo y la tierra.
La voz de un poderoso árbol que se muere en el denso bosque de secuoyas.
¡Adiós, hermanos míos!
¡Adiós, oh tierra y cielo! ¡Adiós, aguas vecinas!
Mi tiempo ha llegado a su fin, me ha llegado la hora.

WALT WHITMAN, CANTO DE LA SECUOYA

Los cedros que se convirtieron en tótems

HAY UN PASAJE FORMIDABLE EN *El Señor de los Anillos* de Tolkien en el que los ents, una especie de mitad árboles mitad humanos de enormes dimensiones, se dirigen hacia el malvado Saruman, que se había dedicado a talar árboles, y empiezan a destrozar el castillo donde habita valiéndose de sus poderosas raíces. ¡Ojalá tuviésemos hoy en día unos pocos de aquellos ents! Aunque, en cierto modo sí que los tenemos. Me estoy refiriendo al cedro rojo occidental (*Thuja plicata*). Ningún otro árbol aúna una forma tan monstruosa con unas dimensiones tan espectaculares. No sorprende, pues, que los indios de la costa del Pacífico eligieran a los mayores ejemplares para tallar en ellos sus tótems.

Y es que para los indios este árbol, cuya aromática madera rojiza parecía inmortal, proporcionaba la materia prima fundamental tanto para tiempos de guerra como de paz, desde los *wigwams* y las canoas de guerra hasta los aparejos de pesca. Por desgracia, la madera de este cedro resultó ser excelente para construir las casas de los europeos. Ello explica que los colonos arrasaran los bosques originales de cedros que se extendían durante más de 1.500 km a lo largo de las bien regadas tierras de la franja costera del Pacífico. La mayoría de los ejemplares que se han conservado hasta nuestros días son relativamente jóvenes (para oler el inconfundible aroma a tanaceto característico del cedro antiguo es preciso dirigirse más al norte, junto a la frontera con Canadá, donde también escasean cada vez más). Hay, sin embargo, unos cuantos ejemplares de enormes dimensiones que han logrado sobrevivir hasta nuestros días, la mayoría de los cuales se encuentran en parques nacionales próximos a la línea costera, sobre todo en la vertiente occidental de las Olympic Mountains, en el estado de Washington.

El cedro de Quinault Lake, con un volumen total de 494,2 m^3, está considerado como el mayor árbol de su especie en el mundo. De la mano del mayor «cazador de grandes árboles» del estado de Washington, Bob Van Pelt, ascendí por una pequeña quebrada hasta un claro repleto de jóvenes ejemplares de cicuta occidental donde el imponente cedro había quedado como escondido. Aunque tarde, este pequeño rincón del bosque primigenio original logró ponerse a salvo de las sierras de los leñadores.

Tan pronto como se llega al claro, el cedro se aparece ante uno como un gigantesco oso grizzly. Pero a medida que uno se aproxima descubre que el árbol no es más que un esqueleto con una enorme mueca burlona, con la mayor parte de la corteza desaparecida y un par de recovecos, semejantes a cámaras funerarias, semiocultas en su enorme y fétido tronco.

El cedro de Kalaloch, situado a unos 45 km en dirección norte por la carretera, resulta una visión mucho más agradecida. Considerado como el quinto cedro de su especie en todo el mundo en lo que se refiere a volumen total, es, sin embargo, el que posee el tronco de mayor perímetro, con un margen de tan sólo 15 cm. Una preciosa luz gótica se filtra a través de sus ventanas recubiertas de musgo hacia la enorme bóveda interior. Hace unos años, una audaz cicuta osó arraigar a unos 6 m de altura en pleno tronco del gigante y, tras ella, le siguió una segunda. En la actualidad, se han convertido en dos hermosos árboles perfectamente desarrollados cuyas raíces avanzan hasta el nivel del suelo.

Página anterior: ¿ES EL CEDRO ROJO DE QUINAULT LAKE, EN EL ESTADO DE WASHINGTON, UNO DE LOS ENTS DE TOLKIEN?

Superior: EL CEDRO ROJO DE KALALOCH, EN EL ESTADO DE WASHINGTON, EL MÁS GRANDE DEL MUNDO EN SU ESPECIE POR LO QUE AL PERÍMETRO DEL TRONCO SE REFIERE.

Página siguiente: DETALLE DEL CEDRO DE KALALOCH, EN CUYA BASE ENCONTRÉ UNA SIMPÁTICA CUEVA.

El árbol con apariencia de troll

LOS ÁRBOLES MÁS ALTOS DE AUSTRALIA son todos eucaliptos, en concreto el fresno de montaña (*E. regnans*) que crece en Nueva Gales del Sur y Tasmania, el *karri* (*E. diversicolor*) de Australia Occidental, así como las especies *E. obliqua* y *E. viminalis*, oriundas de Tasmania. Todas ellas dieron antaño grandes campeones que sobrepasaron con creces los 90 m de altura, y según la mayoría de los expertos pudo haber incluso uno o dos ejemplares de fresno de montaña que sobrepasaran los 105 m. Hoy en día, no se conoce el caso de ningún ejemplar en todo el continente australiano que alcance los 95 m, los leñadores ya se encargaron de que así fuera. Por suerte, las cuatro especies eran muy numerosas en todas aquellas regiones donde las lluvias eran generosas, de ahí que en la actualidad contemos con ejemplares de dimensiones nada despreciables.

Ojalá pudiéramos decir lo mismo del desgraciado *Eucalyptus jacksonii*, que en Australia se conoce con el nombre de *tingle*. Rodeado de *karris* en unos pocos valles próximos a la población de Walpole, en Australia Occidental, se trataba sin duda alguna de la especie más rara y vulnerable de todas, debido a que su madera era muy apreciada entre los fabricantes de muebles. En la actualidad, me han dicho que tan sólo queda ya un puñado de ejemplares gigantes y los más grandes sucumbieron al fuego.

Me dirigí a Walpole un día de noviembre del año 2001 temiéndome lo peor. Aunque con no poco retraso, las autoridades estatales han logrado poner a salvo a los escasos ejemplares supervivientes. En un lugar conocido con el pretencioso nombre de «Valle de los Gigantes» se puede subir a una especie de entarimado de madera a unos 30 m en pleno bosque, aunque la mayoría de los «gigantes» que pueden verse son *karris*. Apenas pude encontrar un solo ejemplar de *Eucalyptus jacksonii* que poder fotografiar, ninguno en cualquier caso que llamara la atención.

Unos cuantos kilómetros al oeste me encontré con un sendero que conducía hasta el llamado «The Great Tingle». La verdad es que no prometía demasiado, pero contra todo pronóstico resultó ser toda una revelación. Los *tingles* viejos son como los trolls: unas magníficas criaturas tan feas como brutales, capaces de sobrevivir a los elegantes *karris* durante varios siglos. Tras dejar el coche me aventuré en un bosque que bien podría haber salido de la imaginación de Tolkien. El troll que tenía ante mí era el más grande. Tenía casi 20 m de circunferencia a la altura del tronco, mucho más que cualquier otro eucalipto que hubiera visto antes, y se encontraba herido por el fuego de un extremo al otro. De la «cabeza» le salía un gran penacho de ramas, aunque el tronco no era más que una enorme caverna abierta al cielo. Por vez primera desde mi llegada a tierras australianas, me sentí empequeñecido ante las dimensiones y el poderío de semejante árbol: me sentí en presencia de un ser sublime.

Página siguiente:
«THE GREAT TINGLE», CERCA DE WALPOLE, AUSTRALIA OCCIDENTAL. POCO ES LO QUE QUEDA PARA LOS LEÑADORES.

Sherman *versus* Grant en la Sierra de California

MUCHA GENTE SE PREGUNTA POR QUÉ el árbol más grande del mundo lleva el nombre de William T. Sherman, el más sangriento de los comandantes del bando confederado que combatió en la guerra civil estadounidense. Creo que todas esas personas encontrarían respuesta a esta pregunta si visitaran el Sequoia National Park, en California, y contemplaran en persona al susodicho árbol.

Yo lo hice un triste día de noviembre, ansioso de contemplar los más de 83 m de tan célebre general. Mientras lo contemplaba, una nube de nieve descendió y ocultó la parte superior del tronco. «Cada una de esas ramas», me confesó un guía local sin exagerar demasiado, «es más grande que cualquier árbol al este del Mississippi».

De entre todas las secuoyas gigantes que han sobrevivido hasta nuestros días en los cerca de 66 enclaves identificados en las montañas de Sierra Nevada, ésta es sin duda alguna la más increíble de todas ellas. Los vecinos de Sherman van estrechándose a medida que ascienden hacia el cielo. El General Sherman, con sus 1.500 toneladas de peso, te contempla con la brutalidad de los pesados tanques de la segunda guerra mundial (evidentemente, otra de las encarnaciones del general). Visto desde abajo, el tronco, con sus más de 18 m de perímetro, parece como si no se estrechase entre los 9 y los 45 m de altura, aunque de hecho sí que se ahúsa, si bien tan sólo poco más de 3,5 m. Todo en él transpira exceso. Sus imponentes ramas, mutiladas por las tormentas, sobresalen como los tallos de un brécol de proporciones gigantescas. La copa, quebrada, culmina en un único y desigual tallo de unos 15 m de longitud. Si no ostenta el título de árbol más grande del mundo, sí que puede reivindicar para sí el de más feo.

Comparémoslo con las musculosas curvas de su vecino y adversario norteño, el General Grant, el gigante del Parque Nacional de King's Canyon. Presenta un aspecto un tanto grisáceo, tal como se puede esperar de un veterano con más de mil inviernos a sus espaldas. Pero lo cierto es que soporta sus enormes dimensiones sin dolor aparente. Tanto la copa, delicada y cónica, como la parte superior del tronco, de color canela, han logrado salir airosos, de un modo u otro, de los estragos provocados por las tormentas. El follaje, a su vez, cae semejante a una cascada de color verde intenso. No sorprende, pues, que en 1965, cuando el presidente Lyndon B. Johnson eligió «el árbol de Navidad de la Nación», se decantara por el General Grant en lugar del General Sherman.

Página anterior: VISTA DEL GENERAL SHERMAN, EN EL SEQUOIA NATIONAL PARK, CALIFORNIA, EL CAMPEONÍSIMO.

La rivalidad entre los dos gigantes se remonta a hace más de un siglo y medio, y lo cierto es que puso en peligro la paz entre dos condados californianos. El General Grant se descubrió en 1862 y no tardó en convertirse en el árbol más grande de lo que con el tiempo acabaría conociéndose como el Parque Nacional de King's Canyon, en el condado de Fresno. El General Sherman, a su vez, se descubrió en 1879 y se convirtió en la máxima atracción del Sequoia National Park, éste en el condado de Tulare. ¿Cuál de los dos era el gigante de entre los gigantes? Para evitar una nueva guerra civil, las autoridades optaron en 1921 por recurrir a un equipo de especialistas para que emitiera un juicio al respecto. Tras un gran número de minuciosas mediciones, que los modernos «cazadores de árboles» han corroborado con sus aparatos de rayos láser, se llegó a una conclusión cuando menos sorprendente.

Ninguno de los dos es la secuoya gigante más alta ni tampoco la que posee el tronco con el mayor perímetro, ya que estos privilegios corresponden a otras secuoyas gigantes menos conocidas de Sierra Nevada. Ahora bien, de acuerdo con los 83 m largos del General Sherman y 81 del General Grant, así como los casi 28 m de perímetro del tronco de este último y los casi 26 del primero, cabe concluir que el General Grant es más grande en su conjunto que el General Sherman según el complicado sistema de puntuación empleado por la American Forestry Association a la hora de elegir los árboles de mayor tamaño.* Pero los 1.541,12 m³ del General Sherman superan en volumen a los 1.342,04 m³ del General Grant, de lo que se deduce que si el campeón es el árbol que posee un mayor volumen, el ganador es el General Sherman, que se convierte así, además, en el ser vivo más grande del mundo.

Yo creo, no obstante, que debería haber ganado el General Grant.

---

*La AFA, incómoda ante semejante controversia, decidió no aplicar el sistema normal de puntuación en este caso concreto, con lo que dio la victoria al General Sherman.

Página siguiente:
EL GENERAL GRANT,
SUBCAMPEÓN.
¿HUBO TONGO?

A los pies del emperador

CUANDO LE CONTÉ A UN AMIGO JAPONÉS DE TOKIO que había ido a su país para sentarme a los pies de algunos árboles únicos, sonrió y me dijo: «¡Ah, si pudieras llegarte hasta la isla de Yaku y sentarte a los pies del Daio Sugi...!».

Daio Sugi significa «el cedro emperador», pero como hay otro cedro antiguo con ese mismo nombre, normalmente se le suele conocer con el de Jomon Sugi («el cedro viejo»). Es precisamente con este nombre con el que ha pasado a convertirse en uno de los árboles de culto en Japón. No sólo es el más antiguo, sino que además es el mayor de todos (el tronco tiene algo más de 15 m de circunferencia, que se mantiene invariable hasta los 12 m de altura) y el más ilustre ejemplar de cedro japonés (*Cryptomeria japonica*) que existe.

Durante siglos este cedro recubrió las faldas de las desgastadas cadenas montañosas que discurren a lo largo de la mitad del archipiélago japonés y proporcionó la aromática madera con la que se construyeron los santuarios y los palacios de Edo (Tokio) y Kioto. La mayor parte de los ejemplares más viejos de las tierras del interior desaparecieron hace tiempo, a excepción de unos pocos ejemplares que han logrado sobrevivir en el interior de los recintos sintoístas, así como en una famosa avenida que conduce a Nikko. Los antiguos bosques de antaño tan sólo se pueden contemplar en las pinturas y las tallas. Pero en Yaku, una remota isla de relieve montañoso y clima subtropical situada a algo más de 1.100 km de Tokio en dirección sudoeste, el Jomon Sugi consiguió sobrevivir a los leñadores. Hace treinta años la isla de Yaku fue declarada Patrimonio de la Humanidad, y el Jomon Sugi, junto con otros pocos ejemplares de cedro gigante y un reducto de ciervos y monos, se salvó para la posteridad.

La isla estaba cubierta por densas nubes de lluvia cuando aterricé a bordo de una pequeña avioneta un día de noviembre por la tarde. Pero dos días después, ya con un sol deslumbrante en el cielo, me dirigí al lugar donde se encontraba Jomon Sugi siguiendo una estrecha vía de ferrocarril que habían construido los leñadores años atrás para salvar una garganta. La ascensión no revistió problema alguno, aunque no me resultó nada fácil salvar los precipicios. Tuve que caminar por un resbaladizo tablón situado en el centro de las vías sin una mísera barandilla e intentando no mirar a través de las grietas que había entre las traviesas.

Tras tres horas y media de excursión nos encontramos por fin con el Jomon Sugi, que parecía contemplarnos desde lo alto a través de la niebla reinante. Y la verdad es que alto sí que es este titán, cuyo tronco, que parece más de piedra que de madera, se yergue imponente sobre la tierra esponjosa con sus enormes y musculosos brazos desplegados por encima de los ejemplares más jóvenes de cedro y alcanforero dispuestos a su alrededor.

Con un volumen de aproximadamente 280 m³, el Jomon Sugi, «el cedro emperador», es sin duda alguna todo un gigante imperial, no sólo en su condición de mayor conífera de Japón, sino también de toda Europa, me atrevería a aventurar. Después de estudiar los anillos en las ramas, los científicos japoneses han llegado a la conclusión de que debe de rondar los dos mil años de antigüedad. ¿Sería posible saber algo más acerca de este gigante? Me senté a sus pies en medio de la niebla preguntándome si alguien se atrevería a preguntarle su edad verdadera perforando el tronco para contar los anillos. ¡Todo un despropósito, pues nadie pregunta a un dios emperador la edad que tiene!

Página anterior: EL JOMON SUGI, EMPERADOR DE LA ISLA DE YAKU, ES EL CEDRO MÁS GRANDE, ANTIGUO E ILUSTRE DE JAPÓN.

SEGUNDO CAPÍTULO

ENANOS

POR MIEDO A LOS HOMBRES PEQUEÑOS

Temo a aquellos hombres viejos y grises de Moccas,
a aquellos hombres de roble nudosos, grises, poco cultos,
patizambos, inclinados hacia delante [...], deformados,
encorvados e informes que permanecen esperando
y viendo pasar los siglos.

FRANCIS KILVERT A PROPÓSITO DE LOS ROBLES MOCCAS, *DIARIO*, 1876

Página 55: ESTE ENEBRO HACE FRENTE
ESTOICAMENTE AL VIENTO A CASI
2.000 M DE ALTURA, EN LOS MONTES
DEL TAURO, AL SUR DE TURQUÍA.

Páginas 52-53: EJEMPLAR DE
JUNIPERUS OCCIDENTALIS SOBRE UN
SUELO DE GRANITO, PARQUE NACIONAL
DE YOSEMITE, CALIFORNIA.

Amor fraternal

Superior: LA VARIEDAD TURCA
DEL CEDRO DEL LÍBANO COMPARTE
ESCENARIO CON EL ENEBRO.

Página anterior: EL MÁS
EXHIBICIONISTA DE LOS DOS
HERMANOS.

LOS JARDINEROS NO TIENEN MIEDO DE LOS ENANOS; de hecho, mantienen muy buenas relaciones con ellos. Son incontables las variedades de árboles que, bajo el nombre botánico de *nana* («enano»), han adoptado una apariencia un tanto peculiar adaptando sus raíces a los jardines más diminutos y modestos. Y aun así, siempre dejan sitio suficiente para un enano de cemento en caso de que se necesite.

En plena naturaleza, los enanos poseen un aire más dominante. Inspiran no poco respeto, como los enanos de los mejores relatos de ficción (me refiero al Gimli de Tolkien, no a los siete enanitos de Disney), poseedores todos ellos de grandes virtudes, en especial la capacidad de resistencia.

En estos pensamientos me encontraba inmerso un día de otoño del año 2001, cuando di con un conjunto de enebros (*Juniperus excelsa*) muy viejos que crecían en una ladera muy pronunciada de tierra caliza a casi 2.000 m de altura en los Montes del Tauro, al sudoeste de Turquía. Algunos de ellos eran meros arbustos de aspecto desaliñado y color verde, como cualquier ejemplar de enebro común (*Juniperus communis*), tan abundante en las laderas de todo el hemisferio septentrional. (No diga nada en contra de los arbustos de enebro: sin sus bayas azuladas de intenso aroma, ¿cómo haríamos para aromatizar la ginebra?) Otros, por el contrario, se habían convertido en espléndidos árboles de unos 6 m de altura y sus troncos estaban retorcidos. Los comparé con otros ejemplares muy viejos que había visto en Norteamérica y deduje que muchos de ellos tenían cerca de mil años de antigüedad. Pero fueron los enanos, y no los gigantes ni los arbustos, los que me sedujeron tan pronto como los vi, en concreto dos magníficos enanos que habían crecido en la cara más expuesta de la montaña.

Ambos habían adquirido una tonalidad blanquecina como consecuencia de los fenómenos atmosféricos, esto es, las tormentas de nieve en enero y los tórridos vientos de mediados del verano. Unos fenómenos que, obviamente, también habían condicionado sobremanera su desarrollo. Pero, por otro lado, presentaban entre sí un vivo contraste. El más pequeño de los dos me recordó a una talla oriental de marfil. Las tormentas habían desnudado por completo el tronco hasta dejar sus venas al descubierto, y tan sólo una pequeña arteria de corteza viva comunicaba las raíces con las ramas. Su porte, sin embargo, era esbelto y desafiante. El ejemplar más grande parecía a su vez un completo extraño: las tormentas también le habían privado de gran parte de la corteza, pero no se limitaba tan sólo a sobrevivir, sino que bailaba con sus talones una típica danza turca.

Lo más curioso del caso es que ambos árboles crecían en la misma ladera pedregosa, con apenas unos pocos metros de distancia entre sí. Es posible que fueran incluso hermanos y que hubieran nacido de un mismo progenitor. Pero, lógicamente, no eran genéticamente el mismo árbol. Y creo que ello explicaba por qué se comportaban de un modo tan diferente entre sí.

Constituían un ejemplo perfecto de amor fraternal. La verdad es que siento una gran simpatía por el estoico hermano que permanece inmóvil ante tan ridículo exhibicionista.

Página siguiente: ENEBROS DE LA ESPECIE *JUNIPERUS OCCIDENTALIS* LUCHANDO POR SOBREVIVIR ENTRE EL GRANITO, A CASI 2.500 M DE ALTITUD, PARQUE NACIONAL DE YOSEMITE, CALIFORNIA.

Entiérrame en una tumba de granito

UN AÑO ANTES DE QUE VIAJASE A LOS MONTES DEL TAURO, me encontraba conduciendo en medio de una gélida carretera en dirección al puerto de Tioga, en la mitad oeste del Parque Nacional de Yosemite, en California, a más de 2.700 m de altitud. El puerto suele estar cerrado hacia principios de noviembre como consecuencia de las fuertes nevadas de la zona, y yo pretendía franquearlo un 3 de noviembre. Pero tuve suerte, y no sólo por haberme ahorrado un rodeo de más de 600 km por Sierra Nevada. En un momento dado, me encontré con un enebro enano de la especie *Juniperus occidentalis* que crecía justo en lo alto del puerto. Este tipo de enebro, originario de Norteamérica, destaca por su capacidad para sobrevivir en las áridas e inhóspitas tierras altas, pero aquel ejemplar, en su decisión de hacer de un lugar tan extremo como el puerto de Tioga su hogar, llegaba a cotas inimaginables. Los abetos subalpinos y los pinos de Sierra Nevada que dominaban aquellas laderas secas y elevadas de la montaña vivían en la abundancia en comparación con el excéntrico enebro. Había logrado abrirse camino entre medio de dos bloques de granito como el muerto que con esfuerzo se levanta de la tumba el día del juicio final. Y tanto aquel granito como el gélido viento ártico habían limitado sobremanera su desarrollo. ¿Por qué de entre toda la Tierra eligió aquel cementerio de hielo como hogar?

El misterio no hizo sino acrecentarse cuando me fijé en otros enebros que crecían diseminados por las laderas circundantes. Uno, en concreto, había optado por retorcerse junto a un imponente peñasco situado en la parte más expuesta de aquel suelo de granito, y las raíces habían logrado abrirse camino por entre las grietas (*véanse* págs. 52-53). Otros, a su vez, habían elegido agónicos e incómodos emplazamientos similares en las sucesivas terrazas de granito dispuestas a lo largo del cañón adyacente. Algunos de ellos parecían tener un montón de años a sus espaldas, ya que sus troncos se hallaban en gran medida descompuestos. Todos llevaban grabadas las huellas de un sufrimiento extremo, aparentemente autoimpuesto.

Me pregunto si aquellos impresionantes enanos eran los vestigios de un gran bosque de enebros que antaño cubriera estas desoladas laderas. ¿Había caído el resto bajo las hachas de los leñadores? (La madera de enebro es muy apreciada entre los ebanistas; además, huele como a incienso.) Pregunté a unos amigos que conocían bien aquella mitad oriental de Yosemite, y enseguida me resolvieron el misterio. Por una vez, la culpa no había sido de los leñadores. No, aquella zona señalaba en realidad el límite forestal de Sierra Nevada, esto es, la frontera entre los bosques y la montaña pura y dura. A aquella altitud, los árboles padecen demasiado y se espabilan como pueden. Pero, además, un poco más abajo el enebro se halla en desventaja como consecuencia de sus modestas dimensiones, su corteza fina e inflamable, y su pasión por la luz del día, por lo que para sobrevivir entre los pinos y los abetos se ve en la necesidad de renunciar a parte de la luz del sol. En cambio, más arriba, en aquella tumba de hielo y granito, el bufón se convertía en rey.

Las «copas de oro» de Joshua Tree Park

DESDE SIEMPRE HE SENTIDO una especial admiración por los grandes robles perennifolios del sur profundo de Estados Unidos, donde se les conoce con el nombre de *live oaks* («robles vivos»). Recubiertos de musgo y de innumerables murciélagos frugívoros, se han convertido en todo un símbolo del mundo de los barcos de vapor y los grandes terratenientes, al igual que sus mansiones de antes de la guerra civil, hoy medio derruidas, y se han convertido en preciados objetos. Cuál fue mi sorpresa al encontrarme con un espléndido ejemplar de roble en medio del ardiente desierto de California, concretamente en el Parque Nacional de Joshua Tree, muy cerca del Valle de la Muerte. En realidad, no se trataba de un *live oak* en sentido estricto (*Quercus virginina*), sino más bien de un *canyon live oak*, también conocido como *golden cup oak* («roble de la copa de oro», *Quercus chrysolepis*). El intenso calor del verano había condicionado sobremanera el desarrollo normal del árbol, que sin embargo poseía algo de milagroso allá en medio del desierto, con el amarillo de unos enormes peñascos como fondo. Según había podido leer en mi guía, con un poco de suerte podría ver al menos a alguna de las tres especies de serpiente cascabel que habitaban en aquel desértico paraje: estaba convencido de que las tres me estaban contemplando desde un grupo de matojos secos junto al roble. Alrededor de éste crecían otros ejemplares de la misma especie, todos ellos atormentados también por la falta de agua. El roble en cuestión alcanzaba los 9 m de altura y se trataba de un ejemplar perfectamente desarrollado, tal como delataba su copa redondeada y lo proporcionado de sus dimensiones.

¿Dónde radicaba su secreto? Me gustaría encontrarme allí en marzo, cuando con las esporádicas lluvias el desierto se cubre de flores de *Castilleja coccinea* y dientes de león. Estoy convencido de que al pie del roble surge por esas fechas una primavera oculta hasta el momento. Y me gustaría verlo también en verano, cuando las bellotas maduran y hacen honor al nombre de *golden cup oak*.

Páginas siguiente: CIPRÉS EN
LO ALTO DE UNOS PEÑASCOS EN
MONTERREY, CALIFORNIA.

Páginas siguientes:
CONJUNTO DE CIPRESES EN
LA PLAYA DE MONTERREY,
CALIFORNIA. ¿FUI INJUSTO
CON ELLOS?

Un asiduo a la playa de Monterrey

EN MI ANTERIOR LIBRO, *Meetings with Remarkable Trees*, describí el ciprés de Monterrey (*Cupressus macrocarpa*), de un modo un tanto caprichoso, como «el árbol que ansía irse de casa». No dejaba de sorprenderme el hecho paradójico de que creciese mejor casi en cualquier otra parte del mundo que en su tierra de origen, en Monterrey, California. Me temo que fui del todo injusto. Para hacer honor a la verdad, lo cierto es que por aquel entonces cuanto sabía de Monterrey era tan sólo de oídas. Cuando por fin tuve la oportunidad de visitar el lugar por mí mismo y pasearme por su deliciosa playa, me di cuenta de que los cipreses también se sentían afortunados de poder hallarse en este lugar.

Bueno, en realidad se han desarrollado menos de lo que lo habrían hecho en unas condiciones idóneas como consecuencia del viento procedente de Nueva Zelanda, tras casi 10.000 km de olas y más olas del Pacífico. De hecho, tan sólo han logrado sobrevivir dos pequeñas poblaciones autóctonas ante tal incesante tortura. El ejemplar más alto apenas supera los 15 m de altura y a la mayoría los ha modelado el viento hasta convertirlos en unos meros arbustos de apariencia grotesca. Pero pruebe a sembrar la semilla de un ciprés de Monterrey en cualquier otro sitio que no sea el mismo Monterrey y verá cómo alcanza los 36 m de altura, así como un perímetro de tronco sin parangón. Los ejemplares que crecen en Monterrey no tienen nada que ver con los que pueda haber en Cornualles o Irlanda. Incluso en mi propio jardín, en el que las heladas periódicas causan estragos entre las magnolias, el ciprés de Monterrey se yergue por encima de los humildes pinos autóctonos.

¿Por qué este ciprés no dejó nunca Monterrey? En realidad, sí que lo hizo, pues colonizó grandes extensiones en las regiones de clima templado. Cuenta, pues, con un ilustre pedigrí tal como se desprende del estudio de las hojas fosilizadas halladas. Hasta que, hace un millón de años aproximadamente, se inició la primera de las cuatro grandes glaciaciones y los gigantes del Pacífico (el cedro rojo, la secuoya, el abeto de Douglas y el ciprés de Monterrey) dieron inicio a la primera de las cuatro retiradas temporales realizadas en busca de tierras más seguras en el sur de California y México. Una vez que hubieron concluido, hace unos 12.000 años, y los grandes árboles pudieron regresar de nuevo a las frías laderas de Sierra Nevada y la lluviosa franja costera del norte, el ciprés de Monterrey se quedó atrás, aunque no se sabe a ciencia cierta por qué. La paleobotánica resulta a menudo tan nebulosa como la propia costa de California. En cualquier caso, el ciprés optó por quedarse junto a la playa de Monterrey.

ESCLAVIZADOS

Pequeños laureles, vuestras raíces no hallan
ninguna montaña y, sin embargo, vuestras hojas logran ir
más allá de vuestro propio mundo hasta el mío.
Tutores perpetuos que despliegan en mi pensamiento
el brote perenne del tiempo.

KATHLEEN RAINE, *ÁRBOLES EN MACETA*

Véndame los pies, querido, y viviré para siempre

UNA DE LAS CONSECUENCIAS MÁS CURIOSAS que supuso la apertura de Japón a los países extranjeros tras la caída en 1867 del Shogunato fue la pasión por los bonsáis. La moda de crear árboles en miniatura limitando el desarrollo de sus raíces valiéndose de macetas de pequeñas dimensiones se originó en China, si bien llegó a tierras japonesas en fechas tan tempranas como el siglo XIV como mínimo, desde un principio tuvo sus detractores. Kenko Yoshida (1283-1351), un célebre autor satírico de la época, sentenció: «Apreciar y hallar placer en árboles curiosamente modelados es como amar la deformidad».

Sin embargo, ello no fue impedimento para que, entre finales del siglo XIX y principios del siglo XX, una ola de pasión por el arte de los bonsáis recorriese Japón. No cabe duda de que se trató de una reacción frente a otra moda vigente por aquel entonces hacia todo lo relacionado con Occidente y, por consiguiente, un regreso a una de las artes genuinamente japonesas más prestigiosas. Esta pasión recuperada por los bonsáis hizo que todo el mundo se dirigiese a las montañas en busca de futuros árboles en miniatura, como enebros del monte Ishizuchi, cerezos japoneses del monte Fiji y un largo etcétera. Aquellos enanos naturales eran árboles que se habían desarrollado como tales de forma espontánea por entre los peñascos y en lugares azotados por el viento y el hielo. Los enanos artificiales pretendieron imitarlos y, poco tiempo después, tras unos años de prisión forzada en unas macetas minúsculas, se aclimataron ya definitivamente a sus nuevas dimensiones.

He elegido estos dos elegantes bonsáis de la sección oriental del Huntingdon Garden, cerca de Los Ángeles, California. De hecho, uno es una especie de enebro originaria de Estados Unidos, *Juniperus occidentalis*, que se miniaturizó de forma artificial al más puro estilo japonés; el otro es un ejemplar de *Zelkova serrata*. Las fotografías las tomé en el mes de noviembre, cuando las hojas del haya estaban ya amarilleando y las desnudas ramas del arce japonés contrastaban con las del enebro.

Los jardineros especializados en el arte de los bonsáis se han ganado una merecida fama especialmente por su paciencia y artesanía. El árbol se halla encerrado en una maceta de pequeñas dimensiones o en una bandeja con el propósito de hacerlo pequeño y hermoso, como a las mujeres chinas a las que se les vendaban los pies. Ahora bien, a diferencia de estas últimas, a las que se torturaba con semejante práctica, cuando un árbol se convierte en un bonsái supera los límites del envejecimiento y entra en lo que se podría considerar una especie de estado de juventud permanente. Se recomienda que cada dos años se recorten las raíces más viejas y el tronco de estos árboles con el fin de que broten nuevas raíces y nuevos brotes. Los expertos en el arte de los bonsáis consideran que un bonsái puede llegar a convertirse en un ser prácticamente inmortal (o cuando menos capaz de vivir varios miles de años) siempre y cuando se cuide adecuadamente.

Recuerdo la anécdota de un admirador del escritor británico Max Beerbohm, por aquel entonces un venerable autor de aspecto juvenil, que le dirigió las siguientes palabras: «Max, ha dado con el secreto de la eterna juventud», a lo que Beerbohm replicó con no poca ironía: «No, lo que he encontrado es el secreto de la vejez eterna...».

TERCER CAPÍTULO

MATUSALENES

LOS VIVOS Y LOS MUERTOS

[...] los pinos más viejos llevan en cierto modo muriéndose dos mil años o incluso más. En la actualidad poseen tan sólo una estrecha porción de la corteza y los tejidos vitales que antaño los recubrieran por completo. En realidad, el proceso de muerte de estos ejemplares se va volviendo cada vez más lento y es probable que algunos de ellos mantengan un buen aspecto durante al menos otros cinco siglos. Pero dudo que puedan vivir mucho más.

EDMUND SCHULMAN, DESCUBRIDOR DEL «ITINERARIO DE LOS MATUSALENES»,

NATIONAL GEOGRAPHIC

Página anterior: El patriarca de todos los ejemplares de *Pinus longaeva*, situado a más de 3.400 m de altitud y el más grande, alto y joven de todos los grandes árboles.

Derecha: «Itinerario de los Matusalenes». Uno de estos ejemplares de *Pinus longaeva* es el árbol más viejo del mundo, aunque los científicos no acaban de aclarar cuál de ellos es.

El Anciano y la Montaña

RESULTA DIFÍCIL IMAGINAR un lugar más siniestro que las descarnadas y blanquecinas laderas lunares situadas a 3.000 m de altitud en las White Mountains de California, donde el doctor Edmund Schulman encontró los árboles más antiguos del mundo.

Unos 1.800 m más abajo se encuentra el antaño frondoso valle de Owens, al que la ciudad de Los Ángeles privó de agua. Y unos 1.200 m más arriba, a unos 30 km largos de distancia, se yerguen imponentes las cumbres nevadas de Sierra Nevada, semejantes a las almenas de una fortaleza.

Es precisamente en estas tierras donde se encuentra el conjunto de pinos que el doctor Schulman bautizó con el nombre de «Itinerario de los Matusalenes», y en el que se halla el Anciano, que con sus cerca de 4.600 años es el ser vivo más antiguo del que se tiene constancia.

Cuando Schulman inició sus estudios sobre los ejemplares de *Pinus longaeva*, existía la creencia de que los árboles más grandes del mundo, las secuoyas gigantes, eran también los más viejos. Son miles los ejemplares de secuoyas gigantes que echaron abajo los leñadores y en la mayoría de los casos se pueden contar todavía los anillos de los tocones (la madera es casi inmune a la podredumbre) con total comodidad, lo que ha permitido datar a los más viejos de entre ellos con unos 3.000 años de antigüedad.

Schulman realizó su sorprendente descubrimiento a mediados de los años cincuenta. Con ayuda de tan sólo un perforador sueco de poco menos de un metro de longitud y el grosor de un simple lápiz, tomó muestras del corazón de los troncos de diversos pinos para más tarde, ya en el laboratorio, contar los anillos con un microscopio. Del total de ejemplares analizados, diecisiete resultaron tener cerca de 4.000 años de antigüedad, y lo cierto es que todavía siguen con vida.

Por paradójico que pueda parecer, Schulman no encontró ninguna relación entre las dimensiones de los árboles más viejos y su edad. Por el contrario, la longevidad de los mismos parece estar directamente relacionada con el estrés sufrido a lo largo de sus vidas (ojalá pudiese decirse lo mismo a propósito de los seres humanos, pues el pobre doctor Schulman murió de puro agotamiento con tan sólo 49 años de edad). Los ejemplares más viejos de *Pinus longaeva* han elegido el clima más estresante que uno pueda concebir, con tremendas tormentas de nieve y gélidos vientos cortantes en invierno y un sol inmisericorde en primavera y verano, sin más agua que la procedente del deshielo de la nieve acumulada y con tan sólo unas pocas semanas al año en las que se dan las circunstancias favorables para el desarrollo. Parece ser, pues, que el estrés ralentiza el reloj vital de los árboles hasta el mínimo imprescindible para que sigan con vida (el efecto del estrés es el mismo que en los bonsáis, aunque lo que hace a éstos inmortales es el hecho de obligarles a desarrollar nuevos brotes y raíces). En realidad, los ejemplares más viejos de *Pinus longaeva* viven en los mismísimos límites entre la vida y la muerte, hasta el punto de que el tronco principal muere varios miles de años antes de que lo hace la última de las ramas, cuya vida queda suspendida de una mera tira de corteza que la une con las raíces.

Derecha: ES POSIBLE QUE
EL ÁRBOL DE LA DERECHA DE
LA IMAGEN MURIERA HACE MIL
AÑOS, PERO TODAVÍA CONSERVA
UN ÚLTIMO SUSPIRO DE VIDA.

Los avances realizados por Schulman en el terreno de la dendrocronología constituyeron un golpe para los arqueólogos al demostrar que éstos se habían equivocado a la hora de establecer sus cálculos a través del sistema del carbono en varios cientos de años.

De esa manera, resultaba que los supuestos megalitos de Irlanda, de 3.500 años de antigüedad, se remontaban en realidad 500 años más atrás en el tiempo. Asimismo, de las investigaciones llevadas a cabo por Schulman se desprendía otra consecuencia no menos desastrosa. Un estudiante de geografía de Utah se propuso encontrar un ejemplar de *Pinus longaeva* todavía más antiguo que el «Anciano de Shulman». Y así lo hizo. Tras tomar prestado un perforador dio finalmente con un ejemplar en las Snake Mountains de Nevada y Utah que, según parece, contaba con 4.900 años de antigüedad. Pero por desgracia el perforador quedó encallado en el tronco del árbol y el guardia forestal permitió al estudiante talar el árbol para recuperarlo. Es por ello que hoy en día lo único que queda del árbol más antiguo del mundo es un trozo del tronco, que se puede contemplar en el salón de un casino de Nevada.

Ascendí la montaña en dirección al «Itinerario de los Matusalenes» de Schulman un gélido día de octubre del año 2000. Fue una dura caminata de 8 km sobre un terreno helado. Cuando la luna apareció por encima de los cadáveres retorcidos de aquellos árboles, me identifiqué con uno de los dos hombres que contemplan la luna en el célebre cuadro de Caspar David Friedrich.

Pero, ¿cuál era el «Anciano» de todos aquellos árboles? Con no poco acierto, las autoridades mantienen su identidad en secreto. Yo tengo mis sospechas, pero no voy a dar ninguna pista a los estudiantes de geografía, así que me las guardaré para mí.

Kvilleken y el Hombre Verde

ME ENCONTRABA PASEANDO POR EL SUR DE SUECIA, perseguido por uno de esos típicos chubascos de verano, en un hermoso paraje natural rodeado de jóvenes bosques de píceas y pinos salpicados de pequeños lagos semiocultos. Había ido con el propósito de presentar mis respetos al roble albar (*Quercus robur*) con el tronco más grueso de Europa. Para mi sorpresa, me encontré a semejante campeón creciendo en un suelo bastante humilde. Se levantó para darme la bienvenida desde un prado próximo a una moderna granja con el techo de tejas rojas. Las cabañas donde se guardaban los rebaños se encontraban medio abandonadas y varios enebros con el tronco retorcido habían invadido los pequeños campos de cultivo anexos. Pero los dueños se las han sabido ingeniar ofreciendo tés caseros a los turistas suecos que acuden al lugar para visitar a Kvilleken, el gran roble de Kvill.

En tanto que campeón, la verdad es que tan sólo gana por puntos. Es sencillamente el roble con el tronco más grueso de Europa, en concreto 15,24 m de perímetro a la altura del pecho, que es por donde se suele calcular normalmente el perímetro de los árboles. Pero justo un poco más arriba se ahúsa rápidamente. No creo que fuera nunca un árbol enorme en lo que a volumen se refiere, como puedan serlo los robles gigantes que he visto en Reino Unido, Francia y Alemania, pero estoy convencido de que en su día fue hermoso. En la actualidad se ha visto reducido a una noble ruina, hueco desde la base hasta la copa y con una cadena oxidada alrededor de la base de la misma. Deben de haber transcurrido varias décadas desde que las tormentas desgarraran la mayor parte de las ramas superiores, de ahí que unas manos expertas intentaran mantenerlo en pie con ayuda de unas cadenas de acero. Por lo general, este tipo de intervenciones bienintencionadas suelen acarrear resultados desastrosos, ya que las cadenas acaban clavándose en la madera tierna de los árboles al tiempo que van desarrollándose. En el caso de Kvilleken, no obstante, el árbol continúa con vida y con un buen estado de salud. En agosto pude ver bellotas en algunas de sus ramas. Asimismo, las ramas estaban bien provistas de hojas, que murmuraban al compás del viento mientras me disponía a tomar una fotografía.

Lo cierto es que no debí de tomarla demasiado bien, ya que no acerté a captar la simpática figura del Hombre Verde, símbolo pagano de la fertilidad, escondido entre los huecos del tronco (*véase* fotografía).

Lo que más me sorprende de Kvilleken es que haya alcanzado semejantes dimensiones y haya podido vivir tanto tiempo. De hecho, calculo que debe rondar los 750 años de edad, más o menos la misma que la capilla de roble de Allouville, en Normandía. Pero este pobre suelo pedregoso es muy diferente del de Allouville. Por regla general, los robles están acostumbrados a crecer en un suelo de calidad, de manera que cuanto más hermoso es el árbol tanto más rico y profundo es el terreno en el que crece. Y lo cierto es que Kvilleken ha crecido en un suelo miserable.

¿Cabe suponer que la respuesta a semejante misterio estriba en el hecho de que los grandes robles que crecieron en los suelos más ricos de Suecia hace tiempo que se talaron y la tierra resultante se convirtió en campos de cultivo o bosques? Kvilleken sobrevivió probablemente debido a que la bellota de la que nació fue a parar a un terreno pedregoso. ¡Larga vida al Hombre Verde!

Parsifal y el Santo Grial

EN RIED, A CASI 5 KM DE KOETZING, en el sur de Baviera, se halla un tilo hueco tan enorme como frondoso, con un tronco hueco que presenta casi el mismo perímetro que el roble albar de Kvill (unos 15 m). Al igual que Kvilleken, este tilo (*Tilia platyphyllos*) debe ser a buen seguro el campeón de entre los de su especie. Pero es mucho más que un mero campeón, pues se trata sin duda alguna de uno de los árboles más hermosos que jamás he visto.

Los árboles, al igual que los seres humanos, rara vez suelen aunar la edad propia de un Matusalén con la belleza de una Helena de Troya. El imponente tilo de Ried constituye en ese sentido una espléndida excepción. La fotografía la tomé una mañana de agosto del año 2000, justo en el preciso momento en que el sol empezaba a iluminar ese surtidor de ramas jóvenes que se esparcen sobre el ilustre tronco hueco. ¡Y menudo tronco! Lo único que le falta es uno de esos dragones que pintara Uccello al inicio del Renacimiento a la espera de una princesa con su correspondiente vestido azul.

Los historiadores locales sostienen que el tilo cuenta con mil años de antigüedad. A mi entender, es más que posible. La madera del tilo es demasiado blanda como para durar mucho, ya que por ello mismo se trata de una materia prima muy apreciada a la hora de trabajarla, si bien es cierto que posee también una asombrosa capacidad para renovarse. Basta con fijarse en el modo en que volvió a desarrollarse la copa después de que una tormenta la decapitara hace treinta años. Un roble antiguo sería incapaz de reunir la energía suficiente para realizar semejante hazaña. Otras especies que suelen vivir muchos años, como el plátano y el castaño de Indias, habrían reaccionado desarrollando un nuevo tronco al lado del antiguo. El tilo, en cambio, logra reinventarse a sí mismo sin esfuerzo aparente.

Durante más de un siglo este tilo llevó el nombre de «Wolframslinde», esto es, el tilo de Wolfram von Eschenbach, el célebre trovador que escribió la versión original en alemán de *Parsifal*. Pasó largas temporadas de su vida en el castillo cercano de Haidstein, donde se enamoró de su irresistible castellana, Markgraefin von Haidstein. Buena parte de sus poemas épicos, como el *Parsifal*, los compuso aparentemente en su honor, algunos de ellos, como les gusta recordar a los lugareños, a la sombra de este tilo.

Creo que me equivoqué con lo de Uccello. Sería todo un error pintar un dragón junto a este árbol al acecho de una princesa con un vestido azul. Lo que se necesita es un heroico Parsifal wagneriano, el caballero que fue en busca del Santo Grial. ¡Concluyó por fin tu búsqueda, Parsifal! El Santo Grial se encuentra enterrado aquí, a los pies del árbol.

Dicen que conociste a Julio César

VAL D'ULTIMO, EL «ÚLTIMO VALLE» del Tirol italiano (Ultental para la mayoría de habla alemana), es tan hermoso como aparece en las postales. Hasta a finales de junio los prados alpinos rebosan de flores silvestres y frente el bullicio de las planicies de más abajo, aquí uno puede escuchar el rumor de los bosques, el murmullo de las verdes hojas del alerce, el susurro de las píceas verde oscuro, rotos tan sólo por el sonido de los cencerros.

Me dirigí hacia el valle desde Merano un precioso día de verano del año 2001. Varios especialistas italianos me habían dicho que los tres alerces más viejos de toda Europa se encontraban en los alrededores de San Gertruda, el último pueblo del valle. Se conocía con exactitud la edad que tenían, en concreto la asombrosa cifra de 2.085 años, lo que los convertía en contemporáneos de Julio César, así como en los árboles más viejos de cualquier especie de toda Europa de los que se sabe con certeza su edad exacta.

Me encontré a los tres alerces dominando imponentes una ladera de gran pendiente, unos cuantos centenares de metros por encima de una antigua granja con tejado de madera y sus correspondientes rebaños de vacas y cuadras. Los habitantes de San Gertruda se sienten orgullosos de sus *Urlaerchen* (antiquísimos alerces) y no dudaron en mostrarme el camino hasta ellos. Pero los árboles viejos constituyen toda una rareza en este paisaje alpino de pequeñas granjas y bosques jóvenes. Estos tres alerces hermanos lograron salvarse de las hachas de los leñadores tan sólo para proteger a la granja situada a sus pies de posibles avalanchas. En un principio eran cuatro los hermanos, pero hace unos setenta años el cuarto cayó, lo talaron o bien lo mató un rayo. En cualquier caso, alguien de quien se desconoce el nombre se molestó en contar los anillos del tocón y llegó a contabilizar hasta 2.015. Tal es pues el ilustre pedigrí de los tres hermanos supervivientes. Si añadimos otros setenta años, obtenemos la cantidad antes referida de 2.085.

El *Urlaerche* de mayores dimensiones, un enorme ejemplar provisto de un tronco de algo más de 6 m de contorno, es también el más robusto. Aunque en apariencia el tronco está hueco al menos en parte, la copa cuenta todavía con esbeltas ramas jóvenes. El segundo de entre los hermanos ha perdido parte de la copa y un ejemplar más joven, nacido sin duda alguna de sus propios plantones, ha crecido a sus pies, como las crías de canguro que buscan refugio en la bolsa de su madre. El tercero de los hermanos es el más pequeño y el que en peor estado se encuentra. Me senté en el interior del hueco que hay en su tronco y pude mirar a través de él el azul del cielo como si me encontrara dentro de una chimenea.

Pero, ¿son en verdad estos árboles huecos tan viejos como dicen? ¿O es que acaso los expertos se han dejado llevar por una leyenda de las montañas? Me intriga la historia del cuarto alerce, en cuyo tocón se fundamenta la supuesta edad de sus hermanos. A mi entender, hay demasiados cabos sueltos (¿o sería mejor hablar de huecos?). ¿Quién se supone que había contado los anillos? ¿Los contó realmente en 1930? ¿Por qué no dejó constancia escrita? Y, si el cuarto alerce estaba hueco, como los otros tres, ¿cómo pudo contar los anillos?

He tenido la oportunidad de ver alerces muy viejos en otras regiones de Europa. Trescientos años es ya una edad más que considerable para un alerce, pues no en vano su madera se pudre bastante antes que la de los robles, los castaños de Indias y, sobre todo, los tejos.

Me parece que estos tres hermanos son increíblemente viejos. Sin duda, constituyen unas auténticas maravillas. Pero sospecho que están más próximos en el tiempo a César Borgia que a Julio César, es decir, que poseen una cuarta parte de la edad que se les atribuye.

Derecha: LOS TRES ALERCES DE VAL D'ULTIMO, QUE DISTAN BASTANTE DE REMONTARSE A LOS TIEMPOS DE JULIO CÉSAR.

Justicia a los pies del roble

Superior: EL FEME-EICHE DE ERLE, WESTFALIA. ¿ROBLE DE LA JUSTICIA O ROBLE DEL CUERVO?

Página siguiente: DETALLE DE LAS AMENAZADORAS RAMAS DEL FEME-EICHE.

EN 1838, CUANDO EL ENCICLOPEDISTA ESCOCÉS JOHN LOUDON publicó su espléndida obra en ocho volúmenes sobre los árboles de Reino Unido, *Arboretum et Fruticetum Britannicum*, incluyó asimismo una gran cantidad de información realmente asombrosa a propósito de los árboles del resto de Europa. Al comentar los de Alemania, Loudon citó a un tal Googe, un autor del siglo XVI, que según afirmaba había descubierto un roble en Westfalia que medía casi 40 m desde la base hasta la «rama más próxima al suelo». Conocía, además, la existencia de otro roble con un tronco con más de 27 m de circunferencia.

La verdad es que tales árboles debieron de constituir el hogar ideal de los unicornios. De lo que no cabe duda es de que hoy en día no existe en toda Europa un árbol que se aproxime a semejantes dimensiones. De todos modos, Westfalia, en el noroeste de Alemania, cuenta con no pocos robles de hermosas proporciones, de entre los que destaca el *Feme-Eiche* («el roble de la justicia»), que se encuentra en Erle.

Algunos historiadores sostienen que este árbol fue en el pasado un santuario pagano consagrado a Wotan, y de hecho los ancianos del lugar lo siguen llamando *Raben-Eiche* («el roble del cuervo»), en alusión a uno de los animales consagrados a dicho dios. En el siglo XIII, el emperador alemán creó en Westfalia una especie de tribunales llamados *Feme* para juzgar a sus adversarios. El árbol, al que por aquel entonces tal vez se le asociaba todavía con los sombríos ritos en honor a Wotan, se convirtió en una corte secreta de justicia. Con el tiempo, tan siniestra práctica cayó en el olvido y, ya en el siglo XIX, el «roble de la justicia», completamente hueco por entonces, se convirtió en un lugar perfecto para las celebraciones: en 1819, el príncipe presidió un desfile en el que un total de treinta soldados de infantería completamente equipados atravesó el interior del árbol.

Visité Erle una soleada mañana de julio del año 2000. Fue una experiencia realmente única, a pesar de que en la actualidad el árbol se encuentra emplazado en medio de un barrio periférico muy poco romántico. En 1892, el roble medía 12,5 m a la altura del «estómago», y fue entonces cuando se le atribuyó una antigüedad de 1.200 años, lo que lo convertía en el roble más viejo de toda Alemania. Hoy en día, aquel «estómago» ha dejado de existir, ya que el árbol se ha convertido en una especie de trípode de jirones de corteza que descansa sobre una serie de maderos convenientemente dispuestos. Ello no impide que el roble continúe luciendo una copa de ramas retorcidas, provistas de hojas verdes y enormes bellotas. Por otro lado, el tronco y las ramas, semejantes a una calavera y a unas garras respectivamente, todavía siguen proyectando cierta amenaza pagana. No es ciertamente el lugar donde me gustaría que me juzgasen por mis faltas.

¿Le creció al dragón una nueva cabeza?

ME ENCONTRABA LAMENTÁNDOME por la pérdida del gran drago de Orotava, en la costa del norte de la isla de Tenerife, célebre desde que los conquistadores españoles se hiciesen con la isla a principios del Renacimiento, cuando cayó en mis manos un grabado de hace 160 años y entonces el pulso se me empezó a acelerar.

Comparé el grabado (*derecha*) con la fotografía del drago (*página siguiente*). ¿Son acaso el mismo árbol?

Permítanme que les aclare un poco la situación. El grabado del drago de Orotava se publicó hacia 1840, mientras que la fotografía la tomé en Icod, cerca de Orotava, en febrero del año 2002. Existe, sin embargo, un grabado del drago incluso anterior, en concreto el que publicó en 1809 el barón von Humboldt a partir de esbozos previos. Humboldt regresó de sus viajes habiendo escuchado historias acerca del gran drago de Orotava, cuya edad estimó en torno a los 6.000 años. Es indudable que el grabado de Humboldt pecó de imprecisión, si bien se sabe que el árbol tenía unas dimensiones ciertamente enormes, en concreto unos 18 m largos de altura y un tronco con algo más de 10,5 m de perímetro a la altura del pecho. Mi grabado de 1840 parece más fiel al original y guarda un extraño parecido con el de la fotografía. ¿Se trata de los mismos edificios, del mismo que aparece al fondo? Por lo que respecta al drago propiamente dicho, en principio ambos parecen el mismo, un monstruo decrépito en cualquier caso con una fuerte herida en la base de la copa en el caso del grabado y una enorme cicatriz en el de la fotografía.

El secreto de semejante misterio es que el primero de los dragos, el de Humboldt, quedó desmochado según todas las fuentes tras una violenta tormenta a finales de la década de 1860. De modo que, el árbol que fotografié con mi cámara en Icod debía de ser otro diferente. ¿O es que acaso había conseguido desarrollar una nueva copa tras la tormenta? Resultaba, sin duda alguna, una hipótesis de lo más interesante.

El drago de Icod constituye, en cualquier caso, una maravilla con un tronco de algo más de 9 m de circunferencia, aunque en realidad no es correcto referirse a él como un árbol en el sentido estricto de la palabra. Al igual que el resto de los dragos, el «tronco» carece de anillos concéntricos debajo de la corteza; en realidad se compone tan sólo de un cúmulo de raíces que con el tiempo han acabado fusionándose entre ellas hasta formar una especie de caño de enormes dimensiones. Esta especie (*Dracaena draco*), originaria de Tenerife, otras islas del archipiélago canario y el norte de África, es una más del total de 60 especies que conforman este romántico género. Hay, además, otras especies emparentadas con el drago en Socotra y el sur de África. Todas ellas tienen en común el hecho de tener la savia de color rojizo,

lo que unido a la forma de zarpas de las ramas explica el nombre del árbol.

¿Cuántos años llegan a vivir los dragos? El propio Humboldt debió de dejar escapar una sonrisa al imaginar que podían llegar a alcanzar hasta los 6.000 años de antigüedad. En la actualidad, los botánicos sostienen que la vida máxima aproximada de esta especie de Matusalén oscila en torno a los 600 años. Pero, ¿es posible que el drago de Humboldt llegara a desarrollar una nueva copa y me estuviera esperando para que lo retratara con mi cámara?

A mi regreso de Tenerife realicé unas cuantas pesquisas y he aquí lo que saqué en claro: el drago de Humboldt se encontraba en Villa Orotava, a algo más de 4 km de la población homónima en dirección este. Icod, en cambio, se halla a unos quince en dirección oeste. No siempre se puede acertar.

Superior: EL DRAGO DE OROTAVA, TENERIFE, GRABADO DE 1819.
Página siguiente: EL DRAGO DE ICOD, TENERIFE, EN LA ACTUALIDAD.

SANTUARIOS

Un árbol es un organismo vivo maravilloso...
Es capaz de proporcionar sombra incluso a aquellos
que empuñan un hacha para cortarlo.

Buda

(INSCRIPCIÓN EN LA PUERTA DE ENTRADA A LA RESERVA NATURAL
DE KANDY, SRI LANKA)

Primero un bastón y más tarde una torre inclinada

VAYA Y SIÉNTESE A LA SOMBRA DEL ANTIGUO CIPRÉS que se encuentra en el claustro de la iglesia franciscana de Verucchio, a unos 7 km de Rímini hacia el interior, en la costa oriental de Italia. Es una auténtica torre inclinada, pero del todo segura para los que acuden a visitarlo. Hace treinta años sufrió las violentas embestidas de un huracán que lo dejó inclinado hacia un lado en un ángulo más que preocupante. Pero en diciembre del año 2000 una constructora de la localidad se ofreció a asegurarlo con la ayuda de una grúa por medio de tres tubos de acero de algo más de 9 m de longitud firmemente anclados al suelo del claustro.

El árbol (*C. sempervirens*) no es un gigante se mire por donde se mire, ya que su tronco tiene poco menos de 3 m de circunferencia. Se trata, sin embargo, de uno de los cipreses más viejos de Europa, y sin duda uno de los que poseen un pedigrí más ilustre, pues no en vano fue el propio san Francisco de Asís el que lo plantó hacia el año 1200. O eso es al menos lo que dice la leyenda, tal como me la refirió el hermano Miguel, el responsable de la hospedería del convento. ¡Ochocientos años! En principio, parece un mero abrir y cerrar de ojos si los comparamos con los cerca de 4.000 años de los ejemplares de *Pinus longaeva* que crecen en California. Pero en Europa el tiempo de los árboles se cuenta de otra manera, incluso en el caso de especies provistas de una madera resistente, como los robles, los castaños de Indias o los cipreses. Hermano Miguel, me creo lo que dice la leyenda. La verdad es que el árbol parece corroborarlo, con esa apariencia envejecida no exenta de vida (nótese cómo las ramas se encuentran a rebosar de conos) en la que destacan los soportes metálicos y las costillas que se dejan entrever bajo la túnica verde.

En lo alto de las ramas muertas de la parte superior hay un par de palomas, el símbolo de san Francisco, que cada noche entonan su especial oración. El hermano Miguel me conduce a la iglesia para que pueda contemplar el fresco en el que el santo aparece plantando el ciprés allá por el año 1200 (el fresco en sí parece bastante reciente, aunque tal vez se trate de una réplica del original). Una vez junto a él me explica cómo san Francisco llegó hasta el lugar donde nos encontramos con el propósito de fundar un nuevo convento; al caer la noche, los hermanos se dispusieron a reunir leña para encender una hoguera. Entonces el santo lanzó a las llamas su propio cayado, que hacía poco había tallado con una rama de ciprés. A la mañana siguiente el fuego había consumido toda la leña hasta reducirla a cenizas, a excepción del cayado, que había permanecido milagrosamente verde. «Muy bien», exclamó el santo, «si no quieres quemarte, entonces crece». Y acto seguido lo plantó en lo que con el tiempo se convertiría en el centro del nuevo claustro.

El convento, al igual que el propio ciprés, presentan el aspecto de haber pasado por tiempos mejores. Hubo un tiempo en que vivió en él una comunidad de hasta cuarenta hermanos. Ahora, a medida que el catolicismo ha ido perdiendo fuerza en Italia, se ha visto reducida a tan sólo cuatro. Pero el hermano Miguel parece una persona muy feliz. De rostro noble y tez oscura (dice que su padre fue un turco procedente de Albania), me explica que es posible que ahora sean tan sólo cuatro en Verucchio, pero que hay otros 23.000 hermanos franciscanos repartidos por el resto del mundo. Tras ofrecerme unos cuantos higos del huerto, me propone que realice un retiro tan pronto como disponga de tiempo libre. Una semana a la sombra de tan ilustre árbol. ¿Qué podría haber más refrescante que eso?

Página anterior: EL CIPRÉS DE SAN FRANCISCO DE VERUCCHIO, AL NORTE DE ITALIA, CUENTA CON UNOS 800 AÑOS. «SI NO QUIERES QUEMARTE, ENTONCES CRECE.»

Página siguiente: DETALLE DEL CIPRÉS DE SAN FRANCISCO. LAS PALOMAS RESULTAN DE LO MÁS ADECUADAS.

Cómo se salvo la capilla de roble

¿EN QUÉ SITUACIÓN UN ÁRBOL deja de ser un árbol? Respuesta: cuando se convierte en un edificio. La Chêne-Chapelle («capilla de roble») de Allouville, una población situada a unos 45 m de Rouen en dirección noroeste, es famosa en toda Francia desde finales del siglo XVII, en concreto desde 1696, cuando el *curé* de la localidad, M. l'Abbé du Detroit, mandó construir en el interior de un roble una capilla con altar incluido ante el que poder oficiar la misa, así como una dependencia para un ermitaño en la planta superior. La capilla se consagró al culto de Nuestra Señora de la Paz y no tardó en convertirse en un lugar de peregrinaje, sobre todo el 15 de agosto, con motivo de la fiesta de la Asunción de la Virgen. Pero en 1793 esa asociación con lo sagrado casi tuvo consecuencias fatales, pues por aquel entonces la Revolución Francesa había derivado en el Terror. A los revolucionarios de la localidad se les autorizó, como a los guardianes rojos de la China de Mao dos siglos más tarde, a erradicar todo vestigio de cualquier religión organizada. Llevados por tan elevados propósitos, quemaron la iglesia parroquial y a continuación se dirigieron hacia el roble con idénticas intenciones cantando bajo los efectos del alcohol, de acuerdo con un testigo presencial:

«¡Vayamos al gran roble para quemar ese *niche d'oraïsons*!»

Dando muestras de una encomiable templanza de ánimo, el responsable del santuario, Jean Baptiste Bonheur, colgó un cartel de grandes dimensiones junto a la pared contigua en el que se podía leer: «Templo de la Razón». Y así fue cómo se salvó el roble.

Desde entonces, ha padecido el destino propio del roble albar hueco (*Quercus ruber*): a principios del siglo XIX un rayo lo desmochó por completo. Las heridas internas, tanto de origen natural como obra del ser humano, no acabaron de cicatrizar y la mayor parte del lado este del tronco se desprendió. Pero lo cierto es que nunca le faltó «ayuda»: la parte superior se coronó con una torrecilla y una cruz, la corteza se reemplazó por una capa protectora de ripias de madera de roble con el fin de cubrir el extremo de cada una de las ramas principales que habían desaparecido con el tiempo. En el interior, la capilla de Nuestra Señora se restauró entre 1853 y 1854 (la emperatriz Eugenia realizó como ofrenda una sencilla estatua de madera de la Virgen) y la celda del ermitaño situada en el piso superior se transformó en la capilla del Calvario. En octubre de 1854, el arzobispo de Rouen consagró las recién restauradas capillas con un solemne *Te Deum* y un himno compuesto especialmente para la ocasión:

L'auteur de la nature
A construit sans marteau
D'un monument nouveau
Les murs et la toiture.

Ce joli sanctuaire
Cet autel vénéré
A Marie est dressé
Dans l'arbre seculaire.

Un siglo y medio después, tuve la oportunidad de contemplar y admirar el interior de tan «secular» árbol. A principios de los años noventa, se emprendió un nuevo proceso de restauración que restituyó el recubrimiento de paneles de madera de la capilla inferior e incorporó franjas acristaladas para multiplicar la luminosidad dentro del árbol, así como una llave de bóveda en el centro del octágono. La estatua de la Virgen que donó la emperatriz Eugenia le da a uno la bienvenida desde el altar. Asimismo, subí la escalera que conducía a la capilla de la planta superior, demasiado elegante a mi modesto entender para un ermitaño de hoy en día.

Pero por la parte de afuera el árbol continúa sumido en un inexorable proceso de decadencia. No se conserva documento alguno que permita datarlo, pero el hecho de que estuviese hueco ya hace 300 años me hace sospechar que debe rondar los 750 años como mínimo (su edad oficial es nada más y nada menos que de 1.200 años, lo que de ser cierto lo convertiría en el roble más viejo del mundo; personalmente, lo dudo). Una vida tan dilatada deja irremediablemente sus huellas en cualquier árbol, como de hecho sucede con cualquiera de nosotros. La última restauración corrigió algunos de los errores cometidos por restauradores anteriores, por ejemplo eliminando las barras de hierro que lo atormentaban, devolviendo al árbol un nuevo recubrimiento de ripias de madera y enderezándolo con dos enormes soportes de acero. Su benevolencia me causa admiración. Espero, sin embargo, que cuando la vida de la capilla del roble toque a su fin, le permitan morir con dignidad.

Página siguiente: CAPILLA DE ROBLE, ALLOUVILLE, NORMANDÍA, MANTENIDA EN PIE CON CABLES, SOPORTES Y ATADURAS.

Página siguiente: EL ÁRBOL BO DE
ANURADHAPURA, SRI LANKA, AL QUE
LOS BUDISTAS LLEVAN VENERANDO
DESDE EL SIGLO III A. C.

Páginas siguientes: UN FIEL
(DERECHA) SUBE LAS ESCALERAS QUE
CONDUCEN AL ÁRBOL SAGRADO CON
UNA FLOR DE LOTO A MODO DE
OFRENDA.

El árbol que nació del árbol en el que se sentó Buda

EN ENERO DEL AÑO 2000, Sri Lanka se encontraba sumida en una guerra civil. Los Tigres tamiles se habían apoderado de parte del norte de la isla y los suicidas habían hecho explotar sus bombas hasta en la misma capital, Colombo, al sur del país. Yo, a mi vez, tenía un gran interés en ver el gran árbol Bo de Anuradhapura, en el centro norte de la isla, al que se considera, y con total fundamento, el árbol más venerado del mundo. Ello se debe a que nació de un esqueje de la higuera bajo la cual Buda alcanzó la iluminación en el siglo VI a. C. Ahora bien, ¿no era una imprudencia llevar a cabo una peregrinación hasta él en medio de una sangrienta guerra civil?

Unos amigos de Colombo me dijeron que no tenía por qué preocuparme. Es cierto que los Tigres, que eran de religión hindú, habían intentado acabar en repetidas ocasiones con aquel árbol que se había convertido en el símbolo de la opresión budista, pero por aquel entonces las fuerzas del gobierno tenían la situación bajo control. Enero sería, pues, el mes perfecto para realizar una visita.

Me subí con mis atrevidos amigos a un taxi local. La verdad es que si uno consigue sobrevivir el primer día de estancia al tráfico de Sri Lanka, en lo sucesivo se le pierde el miedo hasta al mismísimo terrorismo. Al día siguiente nos encontrábamos ya en Anuradhapura. Ciertamente, el ejército parecía tenerlo todo controlado. Tras bajar del taxi, recorrimos a pie una distancia de unos dos kilómetros escasos, durante los cuales tuvimos que pasar varios controles militares, hasta que por fin pudimos divisar los muros de color miel del complejo que conducía hasta el santuario, vigilado por un centinela.

La higuera original bajo la cual Buda alcanzó el estado de iluminación en el siglo VI a. C. era originaria del norte de la India, en concreto de una región situada junto al río Ganges. Con el paso de los años la higuera murió, pero antes de que eso sucediese una princesa de Sri Lanka convertida al budismo tomó un esqueje allá por el siglo II a. C. Una vez de regreso a Anuradhapura, la princesa plantó el esqueje con el propósito de convertir a su gente y así fue como nació el árbol Bo (o Pipul). La especie, a la que los botánicos pusieron el apropiado nombre científico de *Ficus religiosa*, es objeto de tal veneración por los budistas de todo el mundo que les está terminantemente prohibido quemar madera procedente de la misma.

Al principio, cuando dejé atrás al centinela y accedí al complejo, me dominó un sentimiento de decepción. Los edificios de tejas rojas que conformaban el santuario no eran ni muy antiguos ni muy hermosos, si bien las banderitas empleadas para la oración les conferían un simpático aire de carnaval. Un anciano recitaba unas oraciones apoyado contra la pared de una habitación al tiempo que un grupo de peregrinos obsequiaba a mi amigo con una flor de loto rosa. Pero, ¿dónde se encontraba el árbol más venerado del mundo? Después de subir por unas escaleras (a la derecha de la fotografía), me encontré por fin con un conjunto de troncos que no parecían tener más de 200 años de antigüedad, si bien el lugar del que nacían se hallaba oculto bajo la base de un muro de cemento. ¿Era aquel el árbol que había nacido de un esqueje del árbol original de Buda? ¿O se trataba más bien del árbol que había nacido del árbol que a su vez había...? Aunque, ¿por qué no? Al fin y al cabo, Buda había bendecido las raíces de tan sagrado árbol, como de hecho todas las criaturas a las que bendijo, con el don del renacimiento eterno.

Fuera ya del recinto vi un joven ejemplar de *Ficus religiosa* abriéndose paso entre los muros de color miel y por cuyo tronco se perseguían unos monos. Y fue entonces cuando entreví por vez primera un tigre tamil, éste era sin embargo de lo más pacífico, acurrucado a la sombra de sus raíces.

El árbol de Hipócrates

SI TIENE LA INTENCIÓN DE VISITAR GRECIA para recrear su espíritu contemplando sus innumerables tesoros antiguos, le recomiendo que visite la isla de Kos. Una vez en ella, no pierda el tiempo con las ruinas del templo en honor a Asclepio, el dios de la medicina, ya que no tienen mayor interés. Vaya en su lugar a ver las ruinas de un árbol, el árbol más famoso del mundo después del Bo de Sri Lanka bajo el que se sentara Buda. Me estoy refiriendo al gran plátano de Hipócrates, el «padre de la Medicina». Se encuentra maltrecho pero orgulloso en una elegante plaza con una fuente turca bajo una bóveda bizantina. En su origen, el árbol contaba con unas columnas de estilo helenístico a modo de soporte, pero los terremotos acabaron con ellas, y en la actualidad cumple esa misma función un soporte metálico de color verde de grandes dimensiones.

Durante siglos se ha creído que es el mismo árbol bajo el cual solía sentarse el gran médico griego para enseñar medicina a sus discípulos hacia el siglo V a. C. Me gustaría poder darles la razón. En caso de ser eso cierto, nos encontraríamos ante un árbol tres siglos más viejo que el árbol Bo de Buda, que se remonta «tan sólo» al siglo II a. C. Pero entonces los aguafiestas saldrán para recordarnos que la madera del plátano oriental (*Platanus orientalis*) tiende a pudrirse con relativa facilidad. El caso es que hoy en día el tronco principal se ha convertido en un caparazón hueco, como si se tratase de una calabaza vieja. Por otro lado, es indudable que la copa cuenta, en el lado que queda hacia el oeste, con unas ramas de grandes dimensiones de hasta un siglo de antigüedad y que junto con las más jóvenes dan forma a una deliciosa bóveda vegetal. Pero la verdad es que dudo que este árbol, cuyo tronco está completamente hueco, tenga más de 600 o 700 años.

«No tan rápido», podrían argumentar los admiradores del gran médico griego. «Supongamos que efectivamente hubo un plátano en ese mismo lugar en tiempos de Hipócrates. Es evidente que no hubiera podido vivir 2.500 años, pero sí en cambio sus raíces. Como Buda, Hipócrates bendijo al árbol con un ciclo ininterrumpido de renacimientos, de manera que esa calabaza vieja en que se ha convertido el tronco puede ser en realidad la cuarta generación de árboles bendecidos por el gran médico, nacidas de las raíces del ejemplar original.»

Los seguidores de Hipócrates, así como la excelente *retsina* que se bebe en Kos, me han convencido. Por supuesto que tienen razón. O, en cualquier caso, nadie puede demostrar que estén equivocados.

Unos tulipaneros demasiado altos para las abejas

UNA FRESCA Y SOLEADA MAÑANA de abril del año 2002 me hallaba contemplando la interminable cola de peregrinos que aguardaban para rendir homenaje a George Washington en Mount Vernon, Virginia, la finca que la familia de éste poseía junto al río Potomac, a las afueras de la capital a la que dio nombre. Mount Vernon es el santuario más importante de Estados Unidos y se trata, sin duda alguna, de un lugar muy alegre. La multitud que se había congregado allí estaba de muy buen humor, a pesar de que sabían que les aguardaba una larga espera. Tras una hora o dos de cola, por fin podrían entrar en la casa y ver el sencillo estudio donde el padre de la nación estadounidense tenía su escritorio, el pequeño comedor donde los esclavos le servían a él y a su esposa Martha las comidas, y la humilde cama en la que dormían.

Ahora bien, ¿hubo alguien de entre toda aquella multitud que reparase siquiera unos instantes en los dos elegantes tulipaneros (o tulíperos) de casi 40 m de altura, los mismos que plantara Washington en 1785 con sus propias manos (o las de sus esclavos) para embellecer la vista del prado? Mientras la gente hacía cola pacientemente bajo los dos árboles, no vi a nadie que levantara la vista hacia lo alto. Y, por extraño que pueda parecer, pues no ha existido ningún otro héroe del que se sepa más para alegría de sus admiradores, poco es lo que uno puede decir cuando se encuentra junto a dos de los últimos testimonios con vida de tan ilustre personaje.

Hacia el año 1783, Washington decidió colgar la espada y dedicarse, como el héroe romano Cincinato, a las labores del campo. Los británicos, para entonces, ya habían sido derrotados y Estados Unidos era libre. Retomó entonces Washington la vida de un terrateniente virginiano, con sus campos de cerca de 40 km² de superficie y sus 300 esclavos. Durante los ocho años en que había sido máximo responsable de las fuerzas estadounidenses, apenas había tenido la oportunidad de pasarse ni tan siquiera por Mount Vernon. Ahora podría por fin sembrar tabaco, sacar a pastar a sus rebaños y plantar árboles. Como era de esperar, el respiro no le duró demasiado, pues al igual que a Cincinato lo reclamaron al poco desde la capital. ¿Quién sino él podía ser el presidente?

Los dos tulipaneros constituyen todo un símbolo de su breve retiro del poder y la política. Pertenecen a una especie originaria de Estados Unidos, como de hecho la inmensa mayoría de los otros árboles que plantó. Es probable que en su origen fuesen sendos retoños silvestres que trasplantara de los alrededores, tal como tenía por costumbre. Para la fotografía he elegido el ejemplar más grande y en mejor estado de conservación de los dos. No se trata ciertamente de ningún gigante, pero a mi entender es más alto que cualquier otro tulipanero que pueda crecer fuera de Estados Unidos. Por otro lado, es todo un santuario, o en cualquier caso merecería ser tenido por tal. Es posible que me haya excedido incluyéndolo entre los Matusalenes, pero 215 años no es poco tiempo para un árbol plantado en un jardín. Me gustaría pensar que estos dos ejemplares serán capaces de vivir varios siglos más, pero la verdad es que lo dudo. Las tormentas ya han empezado a hacer mella en sus troncos y sus ramas, y una vez desprovista de la protección de la corteza la madera no tarda en pudrirse.

Afortunadamente, un grupo de entusiastas se ha dado cuenta de la importancia de los árboles y se han propuesto multiplicar los arbolitos con el propósito de comercializarlos. Pero, ¿dónde están las semillas? Resulta que los ejemplares son demasiado altos para que las abejas puedan polinizar sus flores. Con ayuda de una grúa de 40 m y ante la atenta mirada de millones de telespectadores, una «abeja» humana subió hasta lo alto de los tulipaneros, donde consiguió con éxito polinizar a mano las flores.

Página siguiente:
TULIPANERO PLANTADO EN MOUNT VERNON, VIRGINIA, POR EL MISMO GEORGE WASHINGTON EN 1785.

El árbol con nueve esposas

EN SU CONDICIÓN DE ANTIGUA CAPITAL de los reyes de Madagascar, Ambohimanga («la colina azul») fue hasta hace relativamente poco tiempo un lugar sagrado al que no podían acceder los turistas. Cada uno de los palacios de madera, cada uno de los altares de los sacrificios, cada higuera de retorcido tronco poseía un solemne simbolismo y oscuros rituales. Cuando un árbol moría, los restos ya sin vida se tenían por algo demasiado sagrado para deshacerse de ellos sin más, de ahí que se optara por dejar en pie el tronco muerto a modo de monumento en honor de los antiguos soberanos de la dinastía Merina, que las autoridades coloniales francesas abolieron en 1897.

Hoy en día Madagascar es un país independiente, orgulloso y pobre, y los turistas extranjeros pueden entrar en Ambohimanga. Para llegar hasta la ciudadela, tuvimos que pasar a través de una de sus célebres puertas, que cada noche se cerraba con un enorme disco de piedra.

El palacio del rey Andianampoinimerina (1787-1810) se yergue en lo alto del peñasco. Cuando los ojos logran acostumbrarse a la oscuridad, uno se da cuenta de que tal palacio no es en realidad más que una esbelta cabaña de madera con una única dependencia repleta de recipientes de barro para cocinar y cuyo techo descansa sobre un tronco de palisandro de algo más de 9 m de longitud. En el interior hay un escabel y dos camas, una para el rey y la otra para una de sus esposas. Fuera, varias higueras viejas proyectan su sombra sobre el recinto donde el rey departía justicia y ofrecía sacrificios a los dioses.

La higuera (*Ficus baronii*) de 250 años de antigüedad que aparece en la fotografía es la más pequeña de los dos ejemplares sagrados que se encuentran justo debajo del palacio. Con motivo de los acontecimientos más solemnes, siempre presididos por el rey, sus doce esposas solían tomar asiento en doce asientos de piedra dispuestos en forma de círculo alrededor de esta higuera más pequeña. La guía que me acompañaba, una encantadora estudiante, empezó a contar las piedras que todavía eran visibles, si bien a cerca de la mitad se las había tragado la higuera. «Mira. Todavía hay sitio para nueve esposas.»

Me pregunto qué clase de siniestros rituales se vieron obligadas a presenciar aquellas esposas, así como aquel árbol sagrado. Ambohimanga dejó de ser la capital del país en 1810, si bien hasta las últimas décadas de ese mismo siglo siguió siendo el lugar de descanso de la familia real. La reina Ranavalona hizo quemar a cientos de fieles cristianos en lo alto de una pira. Recorrí el recinto del palacio buscando algún vestigio de la influencia ejercida por los británicos antes de que sus grandes rivales, los franceses, se hicieran con el poder. En la residencia estival de la reina Ranavalona II hallé por fin uno: un aparador de caoba en un estado de conservación bastante deplorable que entregó a la reina de Madagascar, en nombre de la reina Victoria, la persona que defendió los intereses británicos en la isla entre 1863 y 1883, mi por desgracia tocayo el cónsul Thomas Pakenham. No me extraña que los franceses se hicieran finalmente con Madagascar.

Derecha: ILUSTRE HIGUERA PLANTADA EN EL RECINTO DEL PALACIO REAL DE AMBOHIMANGA, MADAGASCAR, DONDE TODAVÍA HAY LUGAR PARA NUEVE ESPOSAS.

Reverencias ante los alcanforeros

Página anterior: EL ALCANFORERO DE
ATAMI ES EL SEGUNDO ÁRBOL MÁS
GRANDE DE JAPÓN. SEGÚN LA LEYENDA,
CADA VUELTA QUE SE DÉ AL ÁRBOL EN
EL SENTIDO CORRECTO REPRESENTA UN
AÑO MÁS DE VIDA.

LLEGUÉ A JAPÓN CON UNA PALABRA japonesa del siglo XVIII rondándome en la cabeza: *sharawagi*. Creo que significa algo así como «irregularidad placentera» y fue el término que empleó sir William Chambers, el arquitecto de la pagoda de Kew, para describir el estilo de jardín oriental basado en las formas naturales de las piedras y los árboles. Hay, sin embargo, quienes sostienen que fue Chambers quien inventó en realidad dicho término. Sea como fuere, el caso es que me dirigí a Japón con el propósito de contemplar los alcanforeros gigantes, de los que había oído decir que eran famosos precisamente por sus irregularidades naturales.

Los árboles de Japón que presentan un tronco más grueso son los alcanforeros (*Cinnamomum camphora*), unos gigantes perennifolios que crecen en las zonas costeras de las regiones más cálidas del país. En los meses de noviembre y diciembre del año 2001 recorrí varios cientos de kilómetros en dirección sur desde Tokio subido al extraordinariamente silencioso Shinkansen («tren bala») con la intención de fotografiar los alcanforeros. Tuve la suerte de contemplar la mayor parte de los de mayor tamaño, pero para mi sorpresa descubrí que no crecen en pleno bosque, sino en los abarrotados santuarios sintoístas de las pequeñas poblaciones y barrios periféricos. Se les considera unos árboles sagrados y es costumbre adornarlos con cuerdas, tazas u ornamentos de papel. Los turistas japoneses suelen acudir en tropel para visitarlos y ofrecer una oración silenciosa al espíritu del árbol, o simplemente para contemplarlos de cerca. Todos ellos van vestidos con ropas al más puro estilo occidental, pero me complace decir que todavía sonríen y muestran el mismo respeto que sus antepasados. Vi a un hombre leyendo el cartel que colgaba de uno de los árboles murmurando con cara de felicidad: «¡Dos mil años, dos mil años!». Me puedo imaginar que son tan pocos los edificios antiguos que hay hoy en día en Japón como consecuencia de las incesantes guerras, los innumerables terremotos y la especulación inmobiliaria, que los japoneses sienten una verdadera devoción por los árboles antiguos, mucho más que en la Europa occidental.

Es posible, tal vez, que esos árboles sean anteriores incluso a los mismos santuarios sintoístas donde se encuentran, la mayoría de los cuales datan de los siglos VII u VIII, aunque personalmente tengo serias dudas: la madera del alcanforero no es lo suficientemente duradera como para que supere los mil años. Ahora bien, por antiguos que sean, lo cierto es que no se les ha permitido llegar a viejos con dignidad, pues se ha podado hasta la más mínima rama sobrante para impedir que los árboles crecieran demasiado y pudiera caer alguna que otra rama sobre los fieles. De hecho, a muchos se les ha privado de toda su personalidad. ¿No sería mejor, a veces, dejar morir a un árbol viejo con total dignidad?

En dos ocasiones, no obstante, tuve la suerte de encontrarme con un gigante dotado de una extraordinaria personalidad.

En Atami, una hermosa población costera situada a algo más de 70 km de Tokio en dirección sudoeste, vi un ejemplar de alcanforero que es, de hecho, el segundo árbol más grande de Japón. Aunque en la actualidad el santuario sintoísta en el que se encuentra está en medio de dos vías de ferrocarril, es un lugar sagrado situado junto a una pequeña quebrada. Cuando llegué, me encontré con que el árbol se hallaba literalmente rodeado de infinidad de fieles sumidos en el más completo silencio (según me dijeron, por cada vuelta que diera al árbol viviría un año más; entonces me regalé una década adicional yendo en el sentido contrario a las agujas del reloj, tan sólo para enterarme poco después de que las vueltas surtían efecto únicamente si se hacían en el sentido contrario... Apenas tuve el tiempo suficiente para deshacer el encanto y devolver mi esperanza de vida a la normalidad). Aunque resultó seriamente dañado tras un tsunami que devastó la costa en la década de los años setenta, lo cierto es que el alcanforero tenía dos troncos de enormes proporciones abiertos como los dedos de una mano y una copa de dimensiones no menos enormes que dejaban pequeño al santuario adyacente.

Muy cerca de allí, medio oculto entre una arboleda, había otro alcanforero antiguo, tal vez incluso más que el gigante, aunque muchísimo más pequeño. En su tronco hueco se había acondicionado un diminuto santuario.

El segundo encuentro tuvo lugar dos días más tarde, cuando subí los empinados escalones que conducían al santuario sintoísta de Takeo, situado a algo menos de 1.000 km de Tokio en dirección sudoeste. Una vez en lo alto, un monje me condujo hasta un alcanforero gigante que crecía muy cerca de allí y que según parece tenía «3.000 años». La verdad es que Takeo en sí no es nada del otro mundo, pues debe más a California y la cultura del «Big Mac» que al Japón que conocemos a partir de las tallas de madera de Hokusai y Utamaro. En las afueras tan sólo hay bosques de postes de cemento y torres de tendido eléctrico. Pero el santuario se encuentra en un montículo recubierto de árboles situado en lo alto de la población.

El tronco alcanforero en cuestión medía unos 36,5 m de altura y más de veinte de circunferencia, lo que lo convertía en el sexto árbol más grande de Japón. Aunque la verdad es que no era éste su mayor mérito. A pesar de su decrépito estado de salud, era extraordinariamente hermoso. Nadie había vaciado sus entrañas ni torturado sus ramas o el tronco con sierra alguna. A diferencia del resto de los alcanforeros gigantes que había visto hasta entonces, había encontrado refugio en medio de un bosque de cedros y bambúes azul verdoso, justo detrás del mismo edificio del santuario. Estaba del todo hueco, por lo que me fue imposible datarlo, ya que los anillos hacía mucho tiempo que se habían visto reducidos a polvo.

Por la parte de fuera el árbol estaba decorado con una cuerda y tazas como para dejar constancia de que se trataba de un santuario en sí mismo. Me introduje en su interior con sumo cuidado. Se trataba de una torre en ruinas mantenida en un precario equilibrio sobre dos terrazas recubiertas de hierba. El interior se había acondicionado como una capilla, que estaba iluminada por la luz que entraba a través de unos agujeros que había provocado una tormenta al desgajar unas gruesas ramas de la mitad inferior del tronco. Había un altar y diversas ofrendas recientes compuestas de pasteles de arroz, flores y velas. Los rayos del sol de invierno se abrían paso a través de los agujeros como la luz que atraviesa las ventanas orientales.

Aquí había *sharawagi*, además en ingentes proporciones.

Me incliné y sonreí respetuosamente en honor al espíritu del árbol.

Página siguiente:
EL ALCANFORERO DE TAKEO, EN EL SUDOESTE DE JAPÓN, ES UNA TORRE SUMIDA EN UN PRECARIO EQUILIBRIO.

Homenaje a un árbol semejante a Proteo

Si toma el tren de cercanías que sale de Kagoshima, en el sudoeste de Japón, a algo menos de 100 km al sur de Tokio, y sigue la sinuosa línea de la bahía, podrá disfrutar de una panorámica tan magnífica como pueda ser la de la celebérrima bahía de Nápoles, en Italia. Justo delante de usted, al otro lado de las azules aguas, se yergue el monte Sakurajima, el Vesubio de Japón, de cuya cima se eleva una columna de vapor. A mano izquierda, a su vez, se encuentra el monte Kirishima, de algo más de 1.800 m de altitud, que se asienta sobre un desnudo paisaje volcánico repleto de surtidores por los que salen columnas de gas sulfuroso.

Al pie de la montaña, medio escondido entre un bosque de abetos y pinos, se halla el célebre santuario sintoísta que lleva el mismo nombre que la cima. Paseé por dicho bosque y me acerqué hasta el santuario una cálida tarde de finales de otoño con el propósito de ver un cedro japonés (*Cryptomeria japonica*), del que me habían dicho que era el más hermoso de toda la región.

En comparación con los antiguos alcanforeros de Atami y Takeo, o con el mismo cedro gigante Jomon Sugi de la isla de Yaku, éste resultó ser un joven imberbe pero elegante, de unos 36,5 m de altura y un tronco de más de 5 m de circunferencia. Debido al grácil arco que formaban las ramas superiores y a lo regular del tronco, deduje que no debía de ser muy viejo, a lo sumo debía de tener 300 años, es decir, que era todo un cedro en su plenitud. Ahora bien, debía de ser tan grande, y desde luego mucho más viejo, que cualquier cedro de su especie de Europa o Estados Unidos, ya que no en vano las primeras semillas de esta especie no se importaron de tierras japonesas hasta mediados del siglo XIX. La fotografía resulta un tanto engañosa. En Japón, al igual que en Occidente, los domingos son días festivos y durante gran parte de la tarde el árbol queda oculto por toda una muchedumbre de fieles elegantemente vestidos con sus trajes de estilo occidental que se dedican a comprar entre medio de un tumulto predicciones sobre su futuro (en el santuario se venden los correspondientes papeles de la «fortuna»), así como a rendir tributo al espíritu del árbol. Tuve la suerte de fotografiarlo en un atípico momento de calma.

Más sociable que sus gigantescos primos estadounidenses o mexicanos de la familia de las taxodiáceas (secuoyas, cipreses de los pantanos y de Moctezuma), el cedro japonés es una especie con una mayor capacidad de adaptación. En concreto, me admira ese modo tan proteico con que es capaz de cambiar de forma y color. Con el paso de los años, ha dado lugar a toda una serie de curiosas variedades en tierras japonesas y un gran número de ellas se han abierto paso en Occidente. Tal es el caso de la variedad «Banda-sugi», un arbusto achaparrado con acículas dispuestas en unos racimos de un verde oscuro; «Spiralis» (también conocida como «Granny's Ringlets»), cuyo follaje, de un intenso color verde, se retuerce hasta formar unas absurdas espirales; o «Vilmoriana», una enana que apenas crece medio metro cada treinta años. La mejor de todas ellas es, sin embargo, «Elegans», capaz de doblar su tronco como una serpiente de mar y de cambiar de color a lo largo de las estaciones como un camaleón. No pierda la oportunidad de ver un ejemplar de «Elegans» cuando el follaje, enmarañado y de una tonalidad bronce, queda cubierto por la nieve. Es una visión magnífica, al menos hasta que la nieve acaba partiendo el árbol.

Página siguiente: El cedro de Kirishima, en el sur de Japón, se encuentra en un santuario sintoísta en el que uno puede comprar su suerte.

El otro árbol bajo el cual se sentó Buda

CUANDO TUVE LA OPORTUNIDAD DE REGRESAR A TOKIO, concretamente a principios de diciembre del año 2001, me encontré con que los gingkos todavía tenían un color amarillo miel; no estaba preparado para el ímpetu de estos árboles. En otoño, las calles más apagadas de Japón se llenan del color de sus exóticas hojas. En los parques que se encuentran justo al lado del palacio del emperador hay varios ejemplares de enormes dimensiones, tan grandes, de hecho, como los tilos o las hayas que crecen en Europa. Los gingkos más grandes, antiguos y venerados de todos son los que se encuentran en los recintos de los santuarios budistas.

Cuando el budismo llegó a tierras japonesas desde China allá por el siglo VI d. C., los japoneses trajeron consigo también al gingko, ya que les dijeron que había sido bajo este árbol originario de las regiones chinas de clima templado, y no el árbol Bo tropical procedente de la India y Sri Lanka, donde Buda había alcanzado la iluminación. Ello explica que en Japón se tenga como un árbol sagrado, aunque también se cultiva con fines ornamentales (el fruto, además, es muy apreciado, al igual que sucede en China, tanto por su sabor como por sus aplicaciones medicinales). De hecho, fue en Japón donde los botánicos occidentales tuvieron primera constancia de este árbol. El primero en describirlo fue Engelbert Kaempfer, concretamente en el año 1712, y el nombre con el que ha pasado a designarse se cree que procede de la palabra japonesa *icho*, que a su vez derivaría de una palabra china que significa «pata de pato», en clara alusión a la forma en abanico tan característica de sus hojas.

La noche de antes de abandonar tierras japonesas me fui a ver uno de los gingkos más antiguos de todo Japón, una enorme criatura que presidía imponente el recinto del templo budista de Zempukuji. Según los datos oficiales que constan, el tronco mide algo más de 90 m de circunferencia y otros 20 de altura, por lo que es, con diferencia, mucho más grande que cualquier otro árbol de Europa o Estados Unidos.

Pregunté a un anciano monje si sabía por casualidad la edad aproximada del árbol. Entonces él me señaló con la mano un cartel en el que se decía que aquel gigante se remontaba a los orígenes de una secta del budismo llamada Shinran-Shonin, esto es, hacia el año 1232. Qué curioso, el gingko de Zempukuji había tenido más o menos los mismos orígenes que el ciprés de san Francisco de Verucchio, pues según parece el fundador de la secta, al igual que el santo cristiano hiciera unos años antes, había plantado su cayado en el lugar preciso donde habría de erigirse el nuevo templo, y «el cayado empezó a desarrollar brotes y ramas, hasta que al final se convirtió en todo un gingko».

El gingko sobrevivirá a casi todo y aun así continuará sonriendo. Cuando se disipó la nube radiactiva tras la explosión de la bomba atómica en Hiroshima, se descubrió un ejemplar de gingko a tan sólo 730 m del epicentro de la explosión: el tronco había quedado totalmente destruido, pero no así las raíces, de las que nacieron nuevos brotes. El árbol resultante es hoy en día una de las maravillas de Hiroshima.

Derecha: SE CREE QUE EL GINGKO DE ZEMPUKUJI, TOKIO, SE PLANTÓ EN 1232.

PRISIONEROS

PRÓSPERO (A ARIEL):

Si murmuras más, partiré un roble
y te clavaré a sus nudosas entrañas
hasta que hayas gritado durante doce inviernos.

WILLIAM SHAKESPEARE, *LA TEMPESTAD*

Los hombres que encerraban dentro de los árboles

A UNOS 6 KM EN PLENO CAMPO, medio escondido a uno de los lados de la carretera que lleva de Derby a Broome, se encuentra uno de los árboles más célebres de toda Australia. Nos referimos al «Prison Boab», un ejemplar de *Adansonia gregorii*, el baobab autóctono de Australia Occidental, dotado de una enorme copa hueca de color marronáceo. Antaño sufrió innumerables agresiones en forma de *graffitis*, pero por fortuna hoy en día está resguardado por una valla de madera. A finales del siglo XIX este árbol se utilizó como prisión para unos aborígenes que fueron hechos prisioneros tras ser acusados de robar cabezas de ganado en una tierra que ellos consideraban como suya; una vez atrapados fueron encadenados y conducidos hasta Derby. La víspera antes de la conclusión de tan dura marcha se les encerró en el interior de Prison Boab. Ésta es, al menos, la historia que se cuenta a la mayoría de los turistas australianos.

Los aborígenes tienen, sin embargo, una versión ligeramente diferente: a los padres o los abuelos hechos prisioneros les encadenaron a la *sombra* del árbol, y no en su interior. Por otro lado, tan soberbio árbol tenía un carácter sagrado para los aborígenes, como de hecho sucede con la mayoría de los baobabs más antiguos, pues se habían utilizado como osario en el que se guardaban los huesos, y con ellos los espíritus, de sus antepasados.

Es posible, no obstante, reconciliar ambas historias. Los baobabs con el tronco hueco se utilizaron ciertamente como cárceles temporales en determinados casos, como por ejemplo en Wyndham. Pero al mismo tiempo estos extraordinarios árboles han ocupado desde siempre un papel central en la vida de las tribus aborígenes. Las decenas de miles de ejemplares que existen se hallan diseminados a lo largo y ancho de los más de 600 km del *outback* (interior) australiano. Nadie sabe a ciencia cierta cuántos años tienen pero no cabe duda de que los ejemplares más antiguos deben de sobrepasar con generosidad los mil años de edad. Se sabe de ejemplares que poseen un tronco de más de 24 m de circunferencia y en sus entrañas huecas han buscado resguardo generaciones y generaciones de aborígenes. Y es que estos impresionantes árboles han hecho las veces de despensa, cabaña, lugar de reunión, centro religioso y, por qué no, tal vez incluso de prisión.

De vuelta a Derby tuve la oportunidad de visitar un *boab* con unas connotaciones menos tétricas. Me refiero al «Dinner Tree» («el árbol comedor»), en cuyo interior los pastores guardaban el rebaño mientras hacían un alto para comer en su camino hacia el puerto de King's Sound, desde donde el ganado se conducía hasta Perth o incluso más lejos. Me resguardé bajo su sombra, seducido por las aromáticas flores blancas recién polinizadas por las mariposas, que revoloteaban sobre mi cabeza.

Página anterior: EL «PRISON BOAB» DE DERBY, DE AUSTRALIA OCCIDENTAL.
Páginas 112-113: EJEMPLAR DE BOAB EN FLOR JUNTO A UNOS HORMIGUEROS, ALREDEDORES DE DERBY.
Derecha: EL «DINNER TREE», EN LOS ALREDEDORES DE DERBY.

EXÓTICOS

¡Oh, arte, ¿qué suspiras por el Líbano
en la prolongada brisa que conduce hasta el delicioso Oriente?
Suspiras por el Líbano,
¡oh cedro!, cuyas extremidades han crecido aquí
sobre una ladera pastoral
mientras diriges tu mirada hacia el sur
y te nutres de la melíflua lluvia y el delicado aire.

ALFRED TENNYSON, MAUD

Las judías rosadas de Rotorua

MI PRIMERA EXÓTICA es un conjunto de secuoyas (*Sequoya sempervirens*) situadas en un parque de unas dos hectáreas en Rotorua, Nueva Zelanda, junto a los helechos y otras especies autóctonas. Estos precoces embajadores rosáceos de California se han desarrollado como si fueran judías, esto es, al doble de la velocidad con que lo harían en su tierra de origen. En 1980 habían alcanzado ya los 60 m de altura a pesar de que se plantaron tan sólo en 1901. Los por aquel entonces responsables del parque decidieron reservar una parcela del mismo para experimentar con árboles exóticos y, para ello, eligieron dos especies, la secuoya, en la que no depositaron demasiadas esperanzas, y el alerce europeo, al que por el contrario dieron más posibilidades de éxito. Al final, ocurrió justo lo contrario de lo que en un principio creyeron.

Todas las especies de árboles que crecen en la costa del Pacífico de Estados Unidos parecen encontrarse a gusto en la Isla del Norte de Nueva Zelanda, demasiado a gusto. Y es que los gigantes autóctonos, como los kauris y los totaras, no pueden competir con tan ambiciosos inmigrantes. En concreto, hay dos especies de árboles originarias de California, el pino y el ciprés de Monterrey, que han acabado por dominar las ventosas llanuras de Nueva Zelanda. Paradojas de la vida, en su tierra de origen, estas dos especies son las que más padecen la acción incesante del viento.

Hoy en día, el crecimiento de las secuoyas en Rotorua continúa siendo realmente espectacular, incluso para los estándares de Nueva Zelanda. Y es que estamos hablando de unos árboles que han alcanzado los 60 m de altura ¡en tan sólo 80 años! Ninguna especie exótica plantada en un bosque ha sido capaz nunca de desarrollarse a semejante velocidad en Europa. Y, por supuesto, ninguna especie originaria de Europa sería capaz de alcanzar esa altura ni aunque se le concediesen mil años de vida. ¿Qué explicación hay, entonces, para el milagro de Rotorua? A mí me dieron una y que cada lector haga con ella lo que crea más oportuno. Resulta que Rotorua es célebre por sus aguas minerales y sus fuentes termales, por lo que según parece las secuoyas se estarían nutriendo de dichas aguas ricas en minerales como los deportistas hacen con las hormonas...

Otra pregunta. ¿Acabarán tan impetuosos inmigrantes por ganar la partida a sus antepasados de los bosques costeros de California hasta convertirse en los árboles más altos de todo el mundo? Los pinos y los cipreses de Monterrey ya lo han hecho con respecto a sus antepasados. Los ejemplares de *Sequoia sempervirens* de California viven en una tierra especialmente agraciada, con valles profundos, suelos esponjosos y un clima húmedo. Creo que aún habrá que esperar varios siglos antes de que los advenedizos de Nueva Zelanda los alcancen.

Una línea en defensa del gobernador

A PRINCIPIOS DE 1707, EL GOBERNADOR DE CABO DE BUENA ESPERANZA, Willem van der Stel, con diferencia el hombre blanco más poderoso de todo el sur de África por aquel entonces, recibió una misiva ciertamente poco agradable de sus superiores de la Compañía Holandesa de las Indias Orientales, que había estado controlando la colonia holandesa de El Cabo desde su misma fundación, hacia el 1602. En ella se le instaba a regresar de inmediato a Holanda: no sólo lo destituían de su cargo, sino que además había caído en desgracia e iba a ser juzgado.

En medio de protestas y súplicas, pues no en vano Van der Stel contaba tanto con enemigos de los que protestar como con amigos a los que suplicar (los cuales en última instancia poco pudieron hacer por él), fue conducido de regreso a tierras holandesas, de donde no regresaría nunca. Tras de sí dejó la más grande y hermosa de todas las fincas de El Cabo, Vergelegen, situada a unos 45 km de Ciudad de El Cabo. Van der Stel se apropió de la mitad de El Cabo e hizo de él su paraíso privado. En su residencia vivía como un príncipe y su jardín de Vergelegen contaba con un gran número de especies exóticas, como es el caso de los imponentes alcanforeros de 300 años que aparecen en la fotografía junto a estas líneas.

Los fotografié una tarde de 1996. Una amiga se ofreció para posar junto a uno de los robustos troncos, de los que cuelga la «campana de los esclavos». En 1835, las autoridades británicas abolieron la esclavitud, que los holandeses habían llevado a El Cabo.

Pero no fue por maltratar precisamente a los esclavos africanos por lo que el gobernador se vio destituido de su cargo, sino que fueron los «burgueses libres», esto es, los emigrantes holandeses y hugonotes establecidos en Sudáfrica, los que denunciaron a Van der Stel después de que intentara conceder a sus agentes el monopolio del mercado de la carne y el vino, los dos productos más importantes después del grano.

Van der Stel intentó defenderse aduciendo que sus detractores sentían envidia de su prosperidad como dueño de la finca más productiva de todo El Cabo, pues de sus viñas salía el mejor vino y sus árboles eran los más hermosos. No deje de visitar la línea de alcanforeros de Vergelegen. Ante ellos, creo que le será difícil rebatir los argumentos del gobernador.

Derecha: ALCANFOREROS DE VERGELEGEN, CERCA DE CIUDAD DE EL CABO.

Bouquet norteamericano en San Antonio

La gran iglesia de Padua, en el norte de Italia, está consagrada a san Antonio y rebosa de sugerentes esculturas y tumbas. Pero la parte que más me atrae es, sin duda alguna, el claustro, en cuyo centro hay un impresionante magnolio perennifolio (*Magnolia grandiflora*). La fotografía la tomé un atardecer de verano, justo cuando los rayos del sol, cada vez más bajos, empezaban a iluminar el envés aterciopelado y amarronado de las hojas, en claro contraste con el haz de las mismas, de un resplandeciente verde oscuro, y con las flores de tonos crema, de casi 30 cm de diámetro cada una de ellas. Con sus más de 24 m de altura y sus tal vez 150 años de edad, posee el porte de un verdadero príncipe.

Resulta difícil imaginar que este imponente árbol provisto de unas flores que son más grandes y suntuosas que las de cualquier otra especie de árbol resistente, tiene sus orígenes en realidad en los lejanos bosques y valles del este y el sur de Estados Unidos. De hecho, a ojos de un europeo aparece como un extraño en su propia tierra de origen, en medio de los grandes pinares de Georgia o junto a las palmeras y los caimanes de las marismas de Florida. Y es desde siempre que lo hemos conocido con ese porte aristocrático que le es tan característico, cuando en realidad llegó a tierras europeas tan sólo a principios del siglo XVIII con toda una reputación a sus espaldas (era el típico árbol que se plantaba en los jardines de las grandes fincas de las plantaciones, nada que ver, pues, con el árbol silvestre originario de las marismas). Todavía puede vérsele hoy en día en las llanuras costeras de Estados Unidos con ese aspecto de pirámide de resplandecientes hojas verdes y aromáticas flores, embelleciendo los céspedes y los patios de las mansiones desde Washington hasta Texas, así como desde la Costa Azul francesa a Nápoles. Pocos árboles hay que lleven como éste la ilusión de los grandes palacios a los arrabales.

¿Qué habría hecho san Antonio con este árbol en su claustro? Como san Francisco, sabía apreciar las maravillas de la naturaleza. Creo, por ello, que habría cubierto el altar con esas preciosas flores de color blanco.

¿Un fósil australiano en Bussaco?

CUANDO WELLINGTON, EL MÁXIMO RESPONSABLE DE LAS TROPAS BRITÁNICAS que se hallaban combatiendo contra los franceses en la península Ibérica en 1810, decidió arremeter contra las líneas enemigas en Bussaco, al noroeste de Portugal, eligió dicho emplazamiento en función de su valor estratégico y no por su interés botánico. Pero lo cierto es que los monjes carmelitas, en cuyo monasterio Wellington ubicó su sede central la víspera de la gran batalla, se habían dedicado durante años y años a plantar árboles exóticos, como el «cedro de Goa» (en realidad, un ciprés mexicano), en las faldas de la hermosa colina sobre la que se encontraban. Wellington ganó la batalla, en lo que se convirtió en una de las numerosas victorias que conseguiría ante las tropas napoleónicas antes de la decisiva batalla de Waterloo. No sabemos qué opinión le merecieron a Wellington los árboles de Bussaco, salvo el hecho de que, según cuenta la tradición, ató su montura a un olivo que hoy en día se muestra, bastante maltrecho ya, a los turistas británicos.

En la actualidad, Bussaco es célebre sobre todo por sus jardines y por los árboles exóticos que se han ido plantando en ellos a lo largo de los últimos 300 años. Los monjes carmelitas se vieron obligados a abandonar el convento en 1834, y éste pasó a manos de la familia real portuguesa. Ya en su condición de finca real, se convirtió en un curioso repertorio de árboles exóticos. Uno de los más llamativos es un ejemplar de *Araucaria bidwillii*, una especie originaria de la región subtropical de Australia, que se plantó en Bussaco a finales del siglo XIX. El clima es tan suave en esta región de Portugal que las especies de árboles más vulnerables a las heladas no sólo logran sobrevivir a los inviernos, sino que además alcanzan las dimensiones que alcanzarían en sus tierras de origen. He tenido la oportunidad de ver en los bosques tropicales de Lamington, al oeste de Brisbane, ejemplares de *Araucaria bidwillii* en peores condiciones que éste de Bussaco, que ciertamente se encuentra en un entorno de lo más curioso, en concreto la terraza de un palacio que uno de los escenógrafos de Richard Wagner diseñara para el rey de Portugal. Tras la caída de la monarquía portuguesa, el palacio se convirtió en un lujoso hotel decorado con murales de azulejos en los que se muestra a Wellington derrotando a los franceses. Me comí mis bocadillos contemplando el abultado tronco del árbol.

La especie *Araucaria bidwillii* es uno de los cuarenta miembros de la abigarrada familia de las araucariáceas, originarias del hemisferio sur, que han inundado Europa. La especie más conocida es la araucaria, oriunda de las altas laderas de los Andes, por lo que se ha adaptado mejor en el noroeste de Europa. En cambio, sus tres primos procedentes de Australia (*Araucaria bidwillii*, el pino de la isla de Norfolk, *Araucaria heterophylla* y *Araucaria cunninghamii*) sólo crecen en las regiones con clima más suave de Europa.

Hay todavía un cuarto primo en la tan controvertida familia de las araucariáceas, éste también originario de Australia y que está a punto de diseminarse por todo el mundo. Me estoy refiriendo a la especie *Wollemia nobilis*, que los australianos conocen como *wollemi pine* («mírame» en la lengua de los aborígenes) y de la que tan sólo se tenía constancia en forma de restos fosilizados. La descubrió en 1994 un guardia forestal llamado David Noble mientras practicaba el *rappel* en el Parque Nacional de Wollemi, situado en las Montañas Azules, cerca de Sídney. Sólo se tiene constancia de cerca de cuarenta ejemplares adultos, la mayoría de ellos nacidos del mismo progenitor, y todos se encuentran escondidos en un paraíso botánico situado en un único e inaccesible cañón.

Muy pronto los vástagos nacidos de los cuarenta supervivientes de esta especie desconocida hasta hace tan poco tiempo empezarán a comercializarse y es posible que logren crecer bien tanto en Reino Unido como en Irlanda. Tuve la oportunidad de ver un ejemplar en el jardín botánico de Sídney, convenientemente protegido dentro de una estructura metálica a salvo de los admiradores. Si las araucarias le parecen un tanto repelentes, espérese a ver un *wollemi*. Ello no me impedirá que llegue incluso a plantar uno. Con el tiempo, espero poder comer mis bocadillos a los pies de un *wollemi* junto al ejemplar de *Araucaria bidwillii* en la terraza de Bussaco.

Página siguiente: ESTE EJEMPLAR DE *ARAUCARIA BIDWILLII* PLANTADO EN BUSSACO, PORTUGAL, ES UNO DE LOS MIEMBROS AUSTRALIANOS DE LA FAMILIA DE LAS ARAUCARIÁCEAS. POCOS ÁRBOLES HAY MÁS FUERA DE LUGAR COMO ÉSTE, CON EL HOTEL WAGNERIANO A SUS ESPALDAS.

Buceo en Santorso

MI ÚLTIMO EXÓTICO es originario de las marismas de Estados Unidos. Se trata de un ejemplar de ciprés de los pantanos también llamado calvo (*Taxodium distichum*) plantado a las orillas de un pequeño lago rebosante de patos y ocas en Villa Rossi, Santorso, al norte de Italia. Esta especie luce su elegante copa de color verde pálido (lo de «calvo» alude simplemente al hecho de que se trata de una especie caducifolia) en todas las regiones del este y el sudeste de Estados Unidos, desde Virginia al golfo de México, donde el clima es cálido y húmedo. En Everglades, a unas pocas horas en coche de Miami, Florida, los cipreses, altos como campanarios, son tan abundantes como los búfalos que retozan junto al fango.

En el noroeste de Europa el ciprés de los pantanos suele encontrar los veranos demasiado fríos o demasiado secos para crecer con comodidad. Este ejemplar de Santorso, en cambio, se encuentra en su hábitat, con agua abundante y veranos cálidos. Junto a él crecen otros tres ejemplares casi tan grandes como él, pero lo que lo hace especial es precisamente esa colonia de neumatóforos que ha crecido junto a su tronco, recubierto por una rugosa corteza de color canela. Durante mucho tiempo los botánicos no acertaron a explicarse por qué los ejemplares maduros del ciprés de los pantanos desarrollan en condiciones ideales tan curiosas protuberancias, semejantes a pináculos en miniatura, en torno al tronco. ¿Cuál es su finalidad? Nadie acertaba a encontrar una explicación, hasta que por fin los botánicos se dieron cuenta de que, en realidad, tienen por objeto llevar oxígeno a las raíces en aquellos casos en que la base del tronco se encuentra sumergida total o parcialmente (una vez que el árbol ha alcanzado unas dimensiones considerables, puede crecer en medio del agua). Resumiendo, estos apéndices de aspecto tan surrealista vienen a ser como una especie de respiraderos naturales para sobrevivir bajo el agua.

Izquierda y página siguiente: EJEMPLAR DE CIPRÉS DE LOS PANTANOS, ESPECIE ORIGINARIA DE ESTADOS UNIDOS, CON LOS INCONFUNDIBLES NEUMATÓFOROS EN LA BASE (SANTORSO, NORTE DE ITALIA). EL HECHO DE QUE LOS TENGA SIGNIFICA QUE LE GUSTA EL EMPLAZAMIENTO EN EL QUE SE ENCUENTRA.

AMANTES Y BAILARINES

*Las hayas de Pieria escucharon el fluir de los compases
y abandonaron la montaña en dirección al valle situado más abajo.
Allí se quedaron prendadas de su melodiosa mano, dispuestas
en orden, cual monumentos verdes.*

APOLODORO DE RODAS (SIGLO III A. C.)
LAS HAYAS ACUDEN A ESCUCHAR LA MELODÍA DE ORFEO.

Bésame, soy un baobab

A PARTIR DE 1897, CUANDO MADAGASCAR se convirtió en colonia francesa y se empezaron a explorar las riquezas botánicas de la isla, los franceses no tardaron en realizar el asombroso descubrimiento de que entre ellas había un total de seis especies de baobabs, dato más que significativo si tenemos en cuenta que en el resto del mundo tan sólo se contabilizan dos. Esas seis especies de *Adansonia* (*za*, *grandidieri*, *rubrostipa*, *perrieri*, *suarezensis* y *madagascariensis*) resultaron ser de lo más proteicas. Piense en cualquier forma que le resulte familiar (un jarro, una botella, una tetera, un vaso, un candelabro o la chimenea de una fábrica, por poner unos cuantos ejemplos) y seguro que encontrará un ejemplar de baobab en Madagascar que se le parezca.

En el capítulo quinto de este libro, titulado «Árboles en peligro», encontrará algunas de esas formas que nos resultan tan familiares, pero para esta sección en concreto me he decantado por dos que presentan una apariencia aún más atrevida si cabe que el resto. El primero de estos árboles, provisto de un tronco doble enredado sobre sí mismo como si se tratase de amantes, se conoce popularmente con el nombre de «Les baobabs amoureux» («los baobabs enamorados»), y los expertos lo han identificado como una versión romántica de *Adansonia za*. El segundo presenta una apariencia más propia del baobab y, sin embargo, pertenece a una especie diferente, en concreto *Pachypodium geayi* («patas de elefante»). ¡Menudo nombre para tan feliz pareja de amantes!

El misterio botánico continúa sin resolverse. ¿Por qué Madagascar, una isla árida en su mayor parte, de tan sólo unos 1.300 km por otros 320 km de superficie, alberga ella sola el triple de especies de baobabs que todo el continente africano y Australia juntos? Los paleobotánicos han sugerido diversas hipótesis, pero ninguna de ellas acaba de convencerlos del todo. La mayoría relaciona la explicación posible con Gondwanalandia, el supercontinente meridional que dominaba el hemisferio sur hace unos cien millones de años aproximadamente. Lo que hoy en día es Sudamérica, África, la India y Australasia por aquel entonces eran diferentes regiones de una misma masa de tierra llamada Gondwanalandia. Y fue en ella donde surgieron y se desarrollaron los antepasados de los árboles y demás especies vegetales que conocemos. De acuerdo con la teoría de la deriva continental, cuando Madagascar se desgajó del continente africano se llevó consigo la mayoría de las especies de baobab que existían por aquel entonces. De hecho, tan sólo una, la antepasada de *A. digitata*, permaneció en África y tan sólo otra, *A. gregorii*, se fue a la deriva con Australia.

Pero entonces, ¿por qué no hay especies autóctonas de baobab en los otros continentes que en su día formaron parte de Gondwanalandia, sobre todo en las llanuras de la India, que presentan el mismo clima cálido y seco que tanto gusta al baobab? Para explicar este hecho algunos botánicos han sugerido la hipótesis de que el baobab australiano no viajara con el resto de Australia hace unos cincuenta millones de años, sino que llegara flotando procedente desde Madagascar mucho tiempo después en forma de semillas. La verdad es que a simple vista parece increíble que una simple semilla malgache pudiera recorrer flotando las aguas de medio planeta hasta colonizar tan lejano continente. Pero lo cierto es que las semillas sí que realizan semejantes travesías interoceánicas y, cuando llegan a su destino, se encuentran en las condiciones adecuadas para poder brotar. Un ejemplo clásico lo tenemos en el curioso *cocotero*, una palmera originaria de las Seychelles cuyas semillas han logrado formar colonias a miles de kilómetros sin intervención de la mano del hombre. La verdad es que el coco de mar, con sus algo más de 18 kg de peso, hecho que lo convierte en la semilla más grande del planeta, está especialmente dotado para largas travesías por mar. Es posible, sin embargo, que la semilla del baobab malgache haya podido colonizar con el tiempo el noroeste de Australia. Si así fue, debió de encontrarse por el camino con otros emigrantes en aguas del océano Índico, como el enorme huevo fosilizado del ya extinguido pájaro elefante, recientemente descubierto en una playa australiana.

Página anterior: BAOBABS BESUQUEÁNDOSE EN TOLIARA, MADAGASCAR. ¿SON REALMENTE LAS «PATAS» DE UN ELEFANTE?

Página siguiente: «LES BAOBABS AMOUREUX», EN LOS ALREDEDORES DE MORONDAVA, MADAGASCAR.

Cuando la banda tocaba en el árbol

CUANDO JOHN EVELYN PUBLICÓ en 1664 *Sylva*, su célebre libro sobre los árboles, Europa occidental contaba con un gran número de tilos antiguos plantados (o nacidos de forma espontánea) en medio de ciudades y pueblos. El propio Evelyn da cuenta de algunos de los ejemplares más famosos, como los de Neustadt, en Alemania, Zúrich, en Suiza, o Cleves, en los Países Bajos (precisamente, creo que es este último el que aparece representado en el grabado del siglo XVIII reproducido en la página 130). Todos estos ilustres árboles se podaban ceremoniosamente y se guiaban con ayuda de una estructura de maderos o pilares de piedra.

Lo que Evelyn no nos dice, tal vez porque lo desconociera, es que esta peculiar modalidad de poda que se practicaba por todo el continente permitía que los árboles se utilizaran como *Tanzlinde*, esto es, como tilos para bailar alrededor con motivo de ocasiones especiales, en las que el árbol en cuestión se convertía en el centro de todas las fiestas. La costumbre de decorar los árboles y bailar a su alrededor se remonta con toda probabilidad a las prácticas paganas de culto a los árboles. En el mes de mayo se les rendía homenaje de muy diversas maneras, sobre todo con los llamados «mayos», unos árboles que tanto podían estar talados como vivos que se colocaban en el centro de los pueblos y se decoraban para la ocasión. Fue precisamente uno de esos mayos (*mai* en francés) el que tomaron los *sans-culottes* de la Revolución Francesa como símbolo del Árbol de la Libertad, de ahí que los mayores pasaran a presidir el centro de las poblaciones junto con la guillotina.

Los *Tanzlinde*, o tilos para bailar, se remontan más atrás aún en el tiempo y eran, además, más benignos. La mayoría ha desaparecido para siempre, ya que pereció por uno u otro motivo, y muchos se talaron para construir en su lugar aparcamientos y rotondas. Algunos, sin embargo, han logrado sobrevivir hasta nuestros días, sobre todo en tranquilas poblaciones como las del norte de Baviera. Éste en concreto lo fotografié en Grettestadt, al oeste de Bamberg. En él hay un cartel en el que se puede leer: «*1590 Stufenlinde*» («1590, tilo escalonado», esto es, con la copa podada en forma de escalones). La fecha, no obstante, es probable que se refiera a un ejemplar anterior, no a éste, que calculo que debe rondar los 150 años de edad, todo un benjamín, pues, de siete escalones. Los de abajo responden a un propósito eminentemente práctico, mientras que los de arriba se deben a cuestiones más ornamentales. En mayo, los jóvenes de la localidad se reunían junto al árbol para bailar alocadamente en torno al tronco, dentro siempre del octágono que formaban los pilares de madera. Mientras, la orquesta del pueblo tocaba durante toda la noche sobre una plataforma situada por encima de las cabezas de los jóvenes, en el árbol. Nadie sabe quién estaba en la planta de abajo y quién en la de arriba. Así es cómo lo solían celebrar en Grettestadt. Pobres *Tanzlinde*. Sus escalones se siguen podando ceremoniosamente (hoy en día los encargados son los bomberos del pueblo), pero ahora los jóvenes van a bailar a la discoteca local.

SERPIENTES Y TREPADORES

*De la primera desobediencia del hombre, así como del fruto
de aquel árbol prohibido cuyo mortal bocado
llevó la muerte al mundo y todas nuestras aflicciones.*

JOHN MILTON, *EL PARAÍSO PERDIDO*

El árbol que se convirtió en un poblado

EN 1829, ROBERT MOFFAT, el célebre misionero británico cuya hija contraería matrimonio con los años con David Livingstone, se encontraba avanzando en dirección norte por un sendero arenoso en medio del interior de Sudáfrica, a unos 1.600 km de Ciudad de El Cabo. Por aquel entonces, gran parte del país estaba todavía por explorar, aún faltaban unos cuantos años para que tuviese lugar la Great Trek («la gran migración») y los bóers no habían proclamado aún la república que habría de conocerse con el nombre de Transvaal. A unos cuantos kilómetros al oeste de donde se encuentra hoy en día la población de Rustenburg, Moffat reparó en la presencia de un árbol tan enorme como hermoso (en realidad una especie de *Ficus*) al pie de un desfiladero que conducía hasta una enorme quebrada recubierta de bosques. Pero dejemos que sea el mismo Moffat el que nos refiera aquel encuentro tal como lo dejara escrito en su diario:

«Al ver a varias personas trabajando al pie del árbol, bajo su sombra, así como las terminaciones en forma cónica de lo que a simple vista parecían unas casas en miniatura a través del follaje verde de la copa, me adelanté y descubrí que en el mismo árbol vivían varias familias de bakones, los indígenas de la región. Tras subir por las muescas practicadas en el tronco, me encontré, para mi sorpresa, con no menos de diecisiete de aquellas cabañas aéreas, además de otras tres todavía inacabadas. Cuando llegué a la cabaña situada en lo más alto, a algo más de nueve metros de altura, entré en ella y me senté. Como único mobiliario había el heno que recubría el suelo, una lanza, un cucharón y un recipiente lleno a rebosar de saltamontes... Me dirigí a una mujer que se encontraba sentada junto a la puerta con un pequeño entre sus brazos y le pedí permiso para comer algo, petición ésta a la que accedió de buen grado, de manera que al poco me trajo unos cuantos más (saltamontes) convertidos en polvo. [...] Al punto se congregaron más mujeres que habían salido de las cabañas próximas desplazándose de una rama a otra para contemplar al extranjero, toda una curiosidad para ellas, de igual modo que el árbol lo era para él. [...] Habían construido sus cabañas de aquel modo para protegerse de los leones que tanto abundaban en la región.»

El relato que nos ofrece Moffat de diecisiete cabañas en lo alto de una higuera rodeada de leones, que Thomas Baines ilustrara a partir de un esbozo realizado por el mismo Moffat, nos resulta cuando menos difícil de imaginar. Ahora bien, ¿quién se atrevería a poner en duda la palabra de un misionero? Por otro lado, ¿existe todavía la higuera en cuestión? Tanto los historiadores como los botánicos la buscaron afanosamente, pero todos sus empeños fueron en vano. Hasta que un día, allá por el año 1967, un botánico sudafricano llamado P. R. Kirby encontró una enorme higuera muy vieja de la especie *Ficus ingens* en una finca conocida como Bultfontein, muy cerca del trayecto que siguió Moffat. Todo parecía coincidir: el emplazamiento, la edad, las dimensiones, y por si fuera poco los lugareños le habían contado al primer granjero blanco que se estableció en el lugar la historia de un tal Moffat subiéndose al árbol.

Tuve la oportunidad de viajar a Bultfontein en 1999 para contemplar el árbol en persona. Éste es sin duda alguna enorme, y lo cierto es que todavía sigue creciendo. Siete de sus imponentes ramas han desarrollado nuevas raíces que llegan hasta el suelo y la copa en sí tiene un diámetro de unos 37 m. Ahora bien, ¿hubo realmente espacio suficiente para albergar hasta diecisiete cabañas entre aquellas ramas? Es posible que sí lo hubiera. Durante la guerra de los bóers (1899-1902), parece ser que varias familias de granjeros alemanes buscaron refugio en el árbol huyendo tanto de los británicos como de los bóers. En la actualidad tan sólo hay una cabaña, o para ser más exactos, las ruinas de lo que en su día fue una cabaña.

Una amiga arriesgó su vida trepando por el árbol: es alérgica a las abejas y dio la casualidad de que el árbol estaba lleno de ellas. No encontró nada en su interior. Más tarde supimos que aquella cabaña la había dejado una compañía de televisión después de haber rodado una serie sobre Robinson Crusoe.

Página anterior: EL «ÁRBOL HABITADO», LITOGRAFÍA DE THOMAS BAINES A PARTIR DEL ESBOZO QUE REALIZARA EN 1829 ROBERT MOFFAT DURANTE SU ESTANCIA EN SUDÁFRICA.

Página siguiente: EL «ÁRBOL HABITADO» HOY EN DÍA, SITUADO EN UNA FINCA LLAMADA BULTFONTEIN.

Los ochocientos sacacorchos de Verzy

RESULTA UNA EXPERIENCIA INOLVIDABLE hacer un alto en el corazón del bosque que cubre la montaña que se yergue justo sobre Verzy, a unos 16 km de Reims, al nordeste de Francia. Al pie se encuentran, invisibles, los generosos viñedos de nombres célebres como Veuve Cliquot y un largo etcétera que han hecho del champán un sinónimo de riqueza y prosperidad. En el mes de marzo las viñas, todavía desprovistas de hojas, se podan hasta dar forma a auténticos arabescos. Arriba, en la calma casi sepulcral del bosque, todo parece natural. Y así es, según afirman los lugareños.

Pero, un momento. ¿Por qué hay tantas hayas con un aspecto tan deformado? ¿Por qué están tan retorcidas y presentan unas formas más intrincadas aún que las de las propias viñas, hasta el punto de convertirse en enanos *tortillards*?

La presencia de semejantes «sacacorchos» diseminados entre los hayedos, los robledales y los pilares constituye todo un misterio desde el siglo XVII. Estos árboles, conocidos como *les faux de Verzy* (*fau*, del latín *fagus*, «haya» en francés antiguo), se encuentran concentrados en lo alto de una colina boscosa antaño célebre por su carácter sagrado. Tanto san Basles, que convirtió a los pueblos paganos de la Lorena, como san Remigio (Rémi en francés), que hizo de Reims el centro espiritual de Francia, llevaron en estas tierras una vida de ermitaños. Durante cerca de mil años, en concreto desde el siglo VII, la abadía de San Basles dominó esta parte del bosque hasta que, ya en tiempos de la Revolución Francesa, se reutilizaron sus sillares, y sus ruinas se perdieron para siempre entre la maleza. Desde entonces, todo fue un misterio. ¿Qué explicación tienen en ese sentido los *tortillards*?

A principios de la primavera del año 2002 me dirigí al lugar con el propósito de encontrar una docena escasa de semejantes curiosidades entre medio de las altas e imponentes hayas de las que tan orgullosos, y con razón, se sienten los guardabosques franceses. Supe que el último recuento realizado elevaba los *tortillards* a un total de ochocientos.

Al decir de los expertos, se trata en realidad de una mutación genética del haya común (*Fagus sylvatica*). Unas cuantas nacieron a partir de semillas y no recuperaron la apariencia normal, aunque la inmensa mayoría se desarrollaron por acodo. Los expertos nos aseguraron que lo de las *faux* es un fenómeno totalmente natural y que, por tanto, nadie tendría que responsabilizar a San Basles y sus monjes. Ahora bien, reconocen que el hecho de que se concentren en el antiguo recinto monástico de Verzy y en tal cantidad constituye todo un «misterio para la ciencia». En otros lugares, como Hanover o los alrededores de Malmo, en Alemania y Suecia respectivamente, el fenómeno es mucho más limitado y se halla en franco declive; en Verzy, en cambio, los peculiares «sacacorchos» no dejan de ir en aumento.

Sé que puedo parecer algo alarmista, pero creo que alguien tendría que pensar en el riesgo que corren los viñedos situados al pie de la montaña. Cuando menos, no estaría de más que hiciéramos acopio de unas cuantas botellas de champán de Veuve Cliquot...

Donde los ángeles no osaron poner los pies

MIENTRAS ME ACERCABA A JOHN'S ISLAND, en Carolina del Sur, iba pensando en la letra de una canción antirracista que dice: «Hey, señor, ¿no tienes acaso derechos?». Es ésta una región de marismas y quebradas, un lugar bajo, plano y más bien sin una forma definida donde, sin embargo, hay también bosques de pinos y unos cuantos magníficos ejemplares de robles de la especie *Quercus virginiana*, el más grande de entre los robles que crecen en el este y el sur de Estados Unidos. Se encuentra a tan sólo media hora de Charleston por carretera, pero a un abismo de las cuidadas mansiones ajardinadas de paredes encaladas y ladrillo de estilo georgiano.

La población negra ha sido mayoría en esta isla durante al menos los dos últimos siglos, primero en su condición de esclavos africanos conducidos a la fuerza hasta el lugar para trabajar en los campos de algodón, y más tarde como míseros campesinos y criados. Mi intención era ver el Angel Oak («el roble de Ángel»), un enorme roble de formas sinuosas que precedía en al menos un siglo a los dueños de las plantaciones y sus esclavos. El origen del nombre es bastante prosaico: un juez llamado Ángel contrajo matrimonio con la única hija de una rica familia, de manera que la finca de ésta pasó a manos de los Ángel. Pero para los esclavos negros y sus hijos el nombre del árbol resultó de lo más adecuado. Y es que el culto a los árboles formaba parte de su herencia espiritual, de modo que no tardaron en identificar sus ramas con forma de serpiente pitón con los espíritus de los esclavos asesinados. Un profesor negro de la isla describió en una ocasión cómo «la gente había declarado que los ángeles se les aparecerían bajo la apariencia de un espectro junto al roble. [...] Después de tantos asesinatos perpetrados junto al árbol durante los tiempos en que estuvo vigente la esclavitud, los espíritus se presentaban a la gente con una mera 'llamada'. [...] Creían que los ángeles conducían a los espíritus hasta aquel lugar».

A pesar de tan sombría historia, hoy en día el árbol es un lugar encantador, sobre todo cuando en abril el sol ilumina las hojas nuevas, pequeñas, finas y elípticas. La verdad es que no vi indicio alguno de ningún ángel en lo alto de la copa, pero sí en cambio un equivalente algo más terreno: un águila americana de cabeza blanca acechando en la lejanía con esos ojos de mirada tan penetrante en busca de ratas, ratones o ardillas.

Derecha: EL «ANGEL OAK» DE JOHN'S ISLAND, CAROLINA DEL SUR, POBLADO DE LOS ESPÍRITUS DE LOS ESCLAVOS ASESINADOS.

De arriba a abajo y no de abajo a arriba

LAS SEMILLAS DE LA *RATA* son pequeñas y de aspecto inofensivo. Cuando los pájaros se las comen cómodamente apostados en la rama de otro árbol, las semillas logran caer al suelo ya fertilizadas después de haber pasado por el tuvo digestivo de los pájaros. Con el tiempo, es la *rata* la que acaba apostándose en el árbol y a medida que sus raíces descienden hasta el suelo van atrapando al desdichado árbol que le ha ofrecido toda su hospitalidad. Al cabo de unos doscientos años o más, el huésped acaba por desaparecer en el interior de su estrangulador, de hambre insaciable. Entonces, cual serpiente pitón que acaba de engullir una presa de grandes dimensiones, la *rata* asume la apariencia de un árbol normal.

Fíjese en la fotografía de este ejemplar de *rata* (*Metrosideros robusta*) del Bushy Park de la Isla del Norte, Nueva Zelanda, sin duda alguna uno de los más grandes de los que se tiene constancia. ¿Podría alguien imaginarse que el interior de tan robusto tronco es del todo hueco, de la misma forma que el desdichado árbol huésped que en su día estranguló la *rata*? ¿O que esas raíces de apariencia tan normal se desarrollaron de arriba a abajo en vez de abajo a arriba con el propósito precisamente de envolver al huésped?

Ahora bien, no siempre presenta tan siniestros instintos estranguladores. En las lindes de los bosques tanto de la Isla del Norte como de la Isla del Sur se le puede ver en primavera con sus hermosas flores de color escarlata, y a lo largo de los años se ha ido multiplicando a sus anchas. Al atravesar un paso en los Alpes del Sur recogí unas cuantas semillas para plantarlas en mi jardín de Irlanda. Pensé que, al haberse desarrollado en un lugar a tanta altitud, podrían dar lugar a ejemplares lo bastante resistentes como para prosperar en el frío clima de mi Irlanda natal.

Izquierda: EJEMPLAR DE *RATA* EN EL BUSHY PARK, NUEVA ZELANDA, EN PLENA FASE DE REPOSO DESPUÉS DE HABER ESTRANGULADO Y ENGULLIDO A UN DESDICHADO HUÉSPED.

Página siguiente: DETALLE DE LA *RATA*.

Página siguiente: Ejemplar de *Ficus macrophylla* en Coimbra, Portugal, un árbol sin duda alguna dotado de un apetito voraz.

Créeme, soy una serpiente pitón

Los ficus gigantes le dan a uno una calurosa bienvenida a los trópicos con sus enormes hojas ovaladas de un lustroso color verde. ¡Pero desconfíe! Y es que la mayor parte de ellos son, como es el caso de la *rata*, especímenes de instintos estranguladores. Sus semillas son pequeñas, pero en cambio el fruto de color púrpura, semejante al de la higuera mediterránea, suele convertirse en un bocado muy apreciado entre los pájaros, que acaban depositando las semillas en las ramas de árboles convertidos en desdichados huéspedes.

Algunas especies se valen de métodos más elegantes a la hora de abrirse paso en el mundo. En ese sentido, la especie *Ficus macrophylla*, originaria del este de Australia, es toda una señora. Llega a alcanzar unas dimensiones realmente espectaculares: hay ejemplares que han sobrepasado los 54 m de altura, y suele crecer desde el suelo mismo. Sídney está repleta de ellas. Un día me encontré con un grupo de estudiantes sentados en las ramas de un ejemplar gigante situado en el césped del jardín botánico. Las ramas eran más grandes que las de cualquier haya o roble que hubiera visto en Europa. Por desgracia, los estudiantes desaparecieron antes de que tuviera tiempo de preparar la cámara fotográfica.

En su lugar fotografié este ejemplar situado junto a las escalinatas de piedra que permiten acceder al jardín botánico de Coimbra, Portugal. Fue en él donde tuve la oportunidad de encontrar el ejemplar de *Araucaria bidwillii*, así como no pocas «serpientes pitones». Me senté en su cuerpo sinuoso sin el menor atisbo de temor. Tan sólo una advertencia. *Ficus macrophylla* no representa ningún riesgo para los pequeños, tal como los estudiantes de Sídney podrían corroborar, pero en cambio siente una pasión especial por las escaleras de piedra. ¡Coimbra, ten cuidado!

Dos serpientes en el jardín

EL EJEMPLAR DE FICUS (*Ficus benjamina*) que hay en el jardín botánico de Kandy, Sri Lanka, ofrece un vivo contraste con el anónimo ficus que aparece en la siguiente página. Ambos, en cualquier caso, son las serpientes de un mismo jardín del Edén. El ejemplar anónimo resulta del todo normal salvo por lo que respecta al espectacular cúmulo de raíces que hay a los pies del mismo. A su vez, el ejemplar de *Ficus benjamina* es el árbol más famoso del jardín botánico. Su imponente bóveda de ramas suspendidas proporciona sombra a docenas de familias a lo largo de las horas más calurosas del día. Es, en cierto modo, lo que en África se conoce como «árbol de los parlamentos», esto es, un árbol a cuyos pies se reúnen los dignatarios para negociar, se sientan los santones o juegan los niños. En una ocasión tuve la oportunidad de ver uno de estos enormes ejemplares a orillas del Nilo, en el sur de Sudán. Todavía se le conocía con el nombre de «Gordon's Tree» («el árbol de Gordon»), casi 120 años después de que Charles Gordon, por aquel entonces gobernador general de la región, se sentara a su sombra.

El ficus de Kandy, en concreto, ha desarrollado un gran número de raíces aéreas desde las ramas, de lo que cabe deducir que en su día nació como un estrangulador. La verdad es que desconozco qué es lo que realmente sucedió, pero el caso es que presenta un aspecto lánguido y en cierto modo poco amenazador. No se puede decir lo mismo de su impetuoso primo, *Ficus benghalensis*, originario tal como su propio nombre sugiere de la India. En el jardín botánico de Calcuta, junto al Victoria Memorial Garden, hay un ejemplar magnífico cuyas ramas han desarrollado un sinfín de raíces aéreas hasta el punto de convertirse en una selva en sí misma, pues cada una de esas raíces da lugar a un nuevo ejemplar de *Ficus*. Hace un siglo abarcaba una extensión de 27 m largos del césped del jardín; en la actualidad, ha pasado a tener algo más de 274 m de diámetro. Creo que la reina Victoria habría dado su consentimiento a las pretensiones del árbol para fundar su propia dinastía. Después de todo, ella misma tuvo cuarenta nietos, muchos de los cuales acabaron convirtiéndose en reyes o reinas.

Izquierda: EJEMPLAR ANÓNIMO
DE FICUS CON UN FORMIDABLE
CONJUNTO DE RAÍCES AL PIE DEL
MISMO, JARDÍN BOTÁNICO DE
KANDY, SRI LANKA.

ESPECTROS

Adelanté un tanto mi mano
y rompí una ramita de un esbelto árbol recubierto de espinas.
Entonces el tronco exclamó: «¿Por qué desgarras mis ramas?».

A continuación enrojeció y exclamó
de nuevo: «¿Por qué no me devuelves mis huesos?
¿Es que no existe atisbo de piedad en tu aliento?...

DANTE, *LA DIVINA COMEDIA*, Círculo VII

Página anterior: Tocón de un ejemplar de abeto de Douglas en Quinault, estado de Washington, talado mucho tiempo atrás. En la actualidad se ha convertido en el hogar de un joven ejemplar de cicuta occidental.

Página siguiente: Las cicutas occidentales han tomado posesión de los tocones del Hoy Valley, estado de Washington.

Las viejas glorias de David Douglas

Un día de diciembre del año 2001 me dirigí desde la autopista que salía de Seattle, en el estado de Washington, en dirección oeste con el firme propósito de fotografiar los grandes abetos de Douglas que crecen en las Olympic Mountains que dan al Pacífico. Era como una especie de homenaje a mi héroe, David Douglas.

Al decir de muchos, Douglas fue el mayor «cazador» de plantas de todos los tiempos. En sus inicios era un humilde jardinero de Scone Castle, Escocia, y falleció a la temprana edad de 35 años en Hawai después de caer en una trampa para toros en la que murió desangrado. Pero a lo largo de tan breve vida tuvo tiempo de recorrer las tierras todavía sin explorar por aquel entonces del interior del noroeste de Estados Unidos, donde descubrió o introdujo un sinfín de nuevas especies de árboles y plantas, como la pícea de Sitka o el abeto de Douglas (*Pseudotsuga menziesii*), al que dio nombre.

Sabía que cinco de los ejemplares más grandes de abeto de Douglas existentes en todo el mundo se encontraban en un rincón de un bosque muy antiguo junto al lago Quinault. Mi amigo Bob Van Pelt, el célebre «cazador» de árboles grandes, me los había señalado cierto tiempo atrás desde la orilla norte del lago.

Tal como me temía, la expedición fue todo un fracaso. Ciertamente me encontré con espléndidos ejemplares de abetos de Douglas que milagrosamente habían logrado sobrevivir a las sierras de los leñadores, pero por desgracia no había sido el caso de los más grandes e imponentes. Por otro lado, los abetos de Douglas siempre se han mostrado un tanto esquivos con los fotógrafos. Los troncos, revestidos de una agrietada corteza de color marrón pálido, se yerguen de entre los altos y delgados helechos como las chimeneas de una fábrica, pero al poco se confunden en una maraña de follaje verde que hace imposible enfocar sus copas con el objetivo de la cámara.

Ante la imposibilidad, pues, de fotografiar un árbol entero, opté por fotografiar un tocón (*véase* página 153), que antaño perteneció a un abeto de Douglas. Los leñadores dejaron una señal indeleble de su paso en el tronco al practicar un agujero donde insertar el tablón donde se colocaba el leñador con su correspondiente hacha. Ese agujero desfigura el tocón y parece que le mire a uno con un ojo malvado. Pero en los bosques no hay sitio para los espacios vacíos o sin utilidad. Las semillas de la cicuta occidental (*Tsuga heterophylla*) se adueñaron del claro resultante gracias al hecho de que soportan mejor la falta de luz que las del propio abeto de Douglas. En la actualidad, un joven ejemplar de cicuta ha crecido justo encima del tocón, de manera que sus raíces lo han acabado cubriendo. Había, además, varios ejemplares de arces de Oregón (*Acer macrophyllum*) de grandes dimensiones y apariencia siniestra recubiertos de musgo.

Mi homenaje a David Douglas fue un fracaso, lo que unido a la visión de todos aquellos tocones me socavó no poco el ánimo. De todos modos, tal vez fue una suerte para Douglas morir tan joven (aunque no del modo tan terrible en que lo hizo). No cabe duda de que se hubiera sentido orgulloso al ver cómo sus píceas y abetos habían conseguido multiplicarse por miles como en los grandes bosques del noroeste de Europa, pero me temo que no le habría hecho ninguna gracia ver cómo los grandes abetos de Douglas de los antiguos bosques milenarios desaparecían bajo el hacha de los leñadores.

Izquierda y página siguiente:
ARCES A LOS QUE EL MUSGO HA
CONVERTIDO EN AUTÉNTICOS
ESPECTROS DE UN VERDE
AMARILLENTO, HOY VALLEY,
ESTADO DE WASHINGTON.
EL MUSGO ES UN GRAN ALIADO
PARA LOS ARCES, YA QUE AL CAER
AL SUELO Y DESCOMPONERSE SIRVE
DE ALIMENTO A LAS RAÍCES.

Página siguiente: EJEMPLAR DE YUCA, JOSHUA TREE NATIONAL PARK. LOS MORMONES CREYERON VER EN SUS RAMAS ABIERTAS UNA SEÑAL DE BIENVENIDA.

Cuando Moisés siguió a Josué

EN 1848, UNA EXPEDICIÓN DE MORMONES FUERTEMENTE armada liderada por Brigham Young, al que algunos coetáneos suyos describieron como una persona dotada de la «fuerza ejecutiva de Moisés y la falta de conciencia de Napoleón», partió desde Missouri en dirección hacia las tierras del oeste con el propósito de fundar un estado mormón fuera de la jurisdicción de Estados Unidos. Cuando se encontraban atravesando el desierto de Salt Lake con sus inconfundibles yucas espinosas, las provisiones empezaron a escasear y la confianza de los miembros más jóvenes de la expedición comenzó a flaquear. Pero no fue por mucho tiempo. «Allí», exclamó el gran líder señalando hacia las retorcidas ramas de una yuca, «se encuentra Josué dándonos la bienvenida a la tierra prometida».

Por supuesto, Young y los mormones llenaron su tierra prometida de leche y miel. Fundaron el estado de Utah, aunque al año siguiente descubrieron que su éxodo había sido en parte un fracaso, ya que se encontraban de nuevo en territorio estadounidense después de que México lo hubiese cedido a los Estados Unidos en 1849. Pero Young estaba más que acostumbrado a encontrar su camino, a menudo a punta de pistola. En una ocasión, unos mormones mataron a sangre fría a 120 hombres, mujeres y niños procedentes de Arkansas que pretendían dirigirse a California; de la matanza tan sólo lograron salvarse los más pequeños. Young negó cualquier tipo de responsabilidad ante lo sucedido y, con el tiempo, logró convertirse en el único gobernador polígamo de Estados Unidos, condición que practicó con el celo de un profeta bíblico: cuando falleció en 1877, dejó tras de sí a 23 viudas y dos millones de dólares en el banco.

El nombre tuvo éxito y la yuca pasó a designarse en inglés con el nombre de Joshua Tree («árbol de Josué»). Fotografié este ejemplar en el Joshua Tree National Park, situado al sudeste de California, no muy lejos de donde se encuentra el ejemplar de *Quercus virginiana* de la página 142. La verdad es que el paisaje lunar y el tórrido calor de la región se adapta mejor a las yucas que a los robles. Las yucas no son árboles propiamente dichos, ya que no van desarrollando un anillo en la corteza año tras año. Pero la madre naturaleza las ha dotado con la capacidad de almacenar agua en sus carnosos troncos y sus retorcidas ramas, lo que les permite adaptarse a la perfección a un entorno tan árido. Pueden alcanzar los 12 m de altura y se tiene constancia de un ejemplar cuyo tronco tiene algo más 4,5 m de perímetro. Por otro lado, se dice que son capaces de sobrevivir con tan sólo una media de unos 65 cm^3 de lluvia al año. En mi opinión, no es que se pueda decir que estén dotados de una gran belleza, aunque según tengo entendido, cuando llueve durante la primavera se convierten en auténticas guirnaldas de flores amarillas.

Cuando tomé esta fotografía a este imponente ejemplar hacía semanas que no había llovido. Entonces me vino de repente una idea a la cabeza. ¿Tiene sentido realmente lo de Joshua Tree, el «árbol que nos da la bienvenida a la tierra prometida»? ¿No había sido más bien una broma pesada de Young? Me parece que no. Young pudo ser un Moisés y un Napoleón, pero el humor no fue precisamente uno de sus fuertes.

Izquierda: ESTE BOSQUE
SAGRADO DE MADAGASCAR
NACIÓ DE UN ÚNICO
EJEMPLAR DE *DIDERIERA
MADAGASCARIENSIS* Y FUE
TESTIGO DE UN SACRIFICIO
HUMANO.

La joven que yace bajo los ficus

UNOS AMIGOS ME RECOMENDARON realizar dos excursiones por las afueras de la población de Toliara, al sudoeste de Madagascar, en concreto a dos lugares de carácter sagrado.

El primero de ellos era la tumba del rey Baba, que en el siglo XIX gobernó sobre la tribu local de los makilolo. Según tenía entendido, los reyes de los makilolo tenían la costumbre de entregar a sus hijos títulos de la realeza británica, de la que habían oído hablar en boca de los marinos británicos que hacían escala en la isla. Pero la verdad es que todo parecido de la tumba con las de los Windsor o los Osborne es pura casualidad, pues se limita a una mera urna funeraria y una enorme campana rota en lo alto de un montón de piedras, rodeada a su vez de un grupo de ejemplares de *Dideriera madagascariensis*, una de las numerosas especies endémicas por las que los botánicos tanto se empeñan en salvar la cada vez más amenazada flora de Madagascar. Parece que estos árboles le estén dando la bienvenida a uno con sus ramas ondulantes recubiertas de enormes espinas de color gris que en la estación de las lluvias adquieren una tonalidad verdosa junto con los nuevos brotes.

La segunda excursión fue a un «bosque sagrado» de ficus, que mis amigos me habían recomendado por lo tranquilo del paraje. Cuando llegué, media hora antes de la puesta del sol, se respiraba en el lugar una extraña atmósfera. La puerta que daba acceso al recinto estaba cerrada, aunque me permitieron entrar una vez que me hube descalzado. En el interior había una especie de gradas de cemento para los fieles. Pero, ¿a qué o a quién estaba consagrado aquel lugar? Nadie lo sabía a ciencia cierta. Lo más probable es que aquel bosque surgiera de un único ejemplar de ficus estrangulador que, con el paso de los años, había ido multiplicándose a través de sus raíces aéreas. Ahora la mayoría de los árboles estaban separados y en un estado tan decrépito que más parecían huesos descarnados que troncos y ramas de madera. De hecho, se trataba de una especie de un bosque de esqueletos, y por tanto, no era uno de los lugares más indicados para quedarse una vez puesto el sol.

De regreso al hotel logré reunir más información sobre aquel bosque. Según parece, unos 200 años atrás, en tiempos de otro rey Baba todavía anterior al arriba mencionado, hubo una terrible sequía que puso en peligro a todo el reino. Los sacerdotes del lugar sugirieron entonces la conveniencia de sacrificar a una joven para calmar las iras de los espíritus. La desdichada fue enterrada viva y los ficus, a los que los fieles animistas veneran hoy en día, brotaron de su cuerpo.

Me alegré de conocer tan trágico episodio una vez de regreso al hotel.

Una tumba con vistas

«Y ahora que yaces, mi querido viejo huésped de Caria, reducido a un puñado de cenizas grises, descansando desde hace tanto tiempo…»

SI ESTÁ BUSCANDO UN LUGAR donde depositar sus restos mortales, ya sean los huesos o bien las cenizas, como el Heráclito del poema, permítame que le recomiende este maravilloso rincón del sudoeste de Turquía llamado Kekova. Antiguamente era el puerto griego de Tristomo («las tres bocas»), que se basaba en el comercio de aceitunas y aceite de oliva. El lugar cuenta con numerosos atractivos, como un castillo medieval para defenderse de los piratas, una acrópolis y un teatro donde se escenificaban tragedias griegas de autores clásicos, así como una espléndida necrópolis. Las mejores vistas son las que se tienen desde las mismas tumbas, con las montañas de Licia hacia el norte, coronadas de nieve en primavera, y las tranquilas aguas del Egeo hacia el sur con innumerables olivos salpicados por entre el paisaje.

En las tumbas helenísticas se conservan inscripciones en griego en las que se insta a los saqueadores de tumbas a mantenerse lejos. Pero esas advertencias se escribieron hace más de dos mil años y no impidieron que con el tiempo las tumbas se profanaran y se saquease su interior. Desde entonces, los sarcófagos, palabra griega que significa «comedores de carne», no han dejado de pasar hambre.

Los olivos constituyen un perfecto complemento de las tumbas, ya que confieren a la necrópolis un inconfundible aire de inmortalidad. No hay ningún otro árbol que sea capaz de combinar ese sentimiento de regreso a la vida que encarnan las ramas cubiertas de hojas de un verde plateado y de aceitunas, con el de esa vejez feliz. Los troncos de los olivos, doblegados con el peso de 600 o 700 años de vida a sus espaldas, se van llenando de agujeros hasta convertirse en una especie de colador. Hasta que en un momento dado mueren de viejos o por las acometidas de una tormenta o una sierra, pero tan sólo para volver a brotar con nuevos ejemplares de olivo. ¡Ojalá pudiésemos imitarlos!

El Heráclito del poema, que vivió en Caria, sí que logró acceder por fin a la inmortalidad:

Todavía se escucha tu voz agradable y tus ruiseñores se despiertan.
Pues la Muerte, que todo se lo lleva, no pudo llevárselos consigo.

Si algún día mis cenizas se esparcen en Kekova, espero que mis ruiseñores canten en las ramas de los olivos.

Derecha: EJEMPLARES ANTIGUOS DE OLIVO EN KEKOVA, TURQUÍA, JUNTO A LAS TUMBAS LICIAS.

CAPÍTULO QUINTO

ÁRBOLES EN PELIGRO

¿GANAN SIEMPRE LOS LEÑADORES?

*Creo que nunca podré ver
ninguna valla publicitaria tan hermosa como un árbol.
De hecho, a no ser que se caigan
no podré ver ningún árbol.*

OGDEN NASH, *THE OPEN ROAD*

De cenizas a cenizas

¿GANAN SIEMPRE LOS LEÑADORES? Si salimos fuera de Norteamérica, la respuesta me temo que es sí. Por lo que respecta al territorio norteamericano, tanto la industria maderera como los defensores del medio ambiente han ganado y perdido batallas por igual.

Empecemos por Australia. La especie que alcanza una mayor altura y proporciona los mejores tablones de madera son los ejemplares de *Eucalyptus regnans*, que antaño dominara gran parte del territorio de Victoria y Tasmania. Con alturas de hasta más de 120 m, estos gigantes poblaron antiguamente los valles que van desde la cordillera de Yarra, al norte de Melbourne, hasta el río Styx, en la isla de Tasmania. De sus troncos se obtenían excelentes y baratas cubiertas para los tejados, de ahí que los leñadores sintiesen una especial predilección por ellos. No fue menor la que sintieron los contribuyentes australianos ante los pingües beneficios que resultaron de su comercialización.

Hace un siglo aún se podía ver algún que otro gigante a unos 60 km de Melbourne. Tal era el caso del árbol de Mueller, que tomó el nombre del excéntrico barón von Mueller, el botánico oficial de Victoria durante casi veinte años. Se conservan fotografías de 1930, cuando el tronco tenía a la altura del pecho un perímetro de algo más de 21 m, aunque se sabía de la existencia de otros ejemplares aún mayores. Por otro lado estaba el tocón de Bulga, que tenía una circunferencia de unos 100 m. Pero todos aquellos gigantes murieron, la mayoría presa de las llamas, y por desgracia lo hicieron sin descendencia. En la actualidad, un árbol con un tronco la mitad de grande que el de Mueller ya se considera un gigante, y no hay ninguno en cualquier caso que sobrepase los 91 m de altura.

¿Por qué se ha dado un proceso de destrucción tan generalizado? Si se compara con otras especies de gigantes, el eucaliptus crece a una velocidad realmente extraordinaria y posee una media de vida relativamente breve. Por otro lado, el hecho de que su madera prenda con tanta facilidad lo hace muy vulnerable a los incendios forestales. Añadamos a eso los intereses de la industria maderera, los campesinos y el sector de la energía, donde el predominio de la población blanca es abrumador. Asimismo, a medida que las extensiones de bosques vírgenes se van reduciendo, el riesgo de incendios aumenta. Además, ¿cómo han de hacer estos reyes de las alturas para encontrar herederos si se ven obligados a crecer en reservas de pequeñas dimensiones?

En la fotografía de la página 167 puede contemplar un reducto de ejemplares de *Eucalyptus regnans* situado en Black Spur, Victoria, un vestigio que logró salvarse de la avidez de la industria maderera y los granjeros de la Water Board de Melbourne. Sus antepasados corrieron peor suerte y murieron presa de las llamas; de los ejemplares que existen en la actualidad, unos crecieron de forma espontánea mientras que otros se plantaron. Muchos ya han pasado la cota de los 45 m de altura.

En la fotografía que aparece junto a estas líneas puede ver un ejemplar maduro de *Eucalyptus regnans*, cuyo tronco tiene algo más de 9 m de circunferencia, y que en principio crece sano y salvo en una reserva situada a unos 45 km en dirección este. Es el único árbol antiguo que crece en la misma, a excepción de otro veterano algo más pequeño. Hace un siglo nadie habría reparado en ellos. Hoy, los nietos de aquellos que tuvieron la oportunidad de conocer al gigante Mueller contemplan esta reliquia como si se tratase del animal exótico de un zoológico.

El último totara

«EN ESTE BOSQUE (DE GWAVAS STATION) nos encontramos para nuestro asombro con varios ejemplares de *Podocarpus totara* de entre 400 y 500 años de antigüedad, fácilmente identificables por las pronunciadas grietas que atraviesan su corteza. El más imponente de todos ellos posee un tronco con un perímetro de 22 m y creemos que puede alcanzar los 100 m de altura.»

Cuando leí este informe del *Anuario de la Sociedad Internacional de Dendrología* con motivo de una visita a Nueva Zelanda en el año 1995, confieso que me quedé del todo sorprendido. ¡Un ejemplar de totara con un tronco de 22 m de perímetro y una altura de 100 m! Acto seguido sentí unas ganas enormes de tomar el primer avión con destino a Nueva Zelanda antes de que se viniese abajo o alguien lo talase.

Pero entonces se me ocurrió que, por muy Sociedad Internacional de Dendrología que fuese, también podía equivocarse. Sin duda alguna, confundieron los metros con los pies, de manera que tanto el perímetro del tronco como la altura total del árbol quedaban reducidos a menos de una tercera parte de las espectaculares medidas descritas en el informe.

Cuatro años más tarde, en 1999, fui a Nueva Zelanda para ver en persona aquel ejemplar de totara hasta la Gwavas Station, cerca de Napier, en la Isla del Norte. Esta impresionante especie de podocarpo dominó antaño enormes extensiones de ambas islas. De hecho, fue el árbol que, junto con el kauri, eligieron los maoríes para construir sus canoas de guerra. Los troncos eran excepcionalmente rectos además de altos, y la madera parecía tan dura como el mismo hierro. Como era de esperar, éstas fueron unas cualidades que no pasaron desapercibidas a los leñadores y en tan sólo un siglo y medio los ejemplares más altos y rectos fueron cayendo; en los años sesenta, después de que todos los espléndidos bosques poblados por semejantes gigantes fueran devastados, tan sólo se mantenía en pie un ejemplar de dimensiones colosales, tanto que ninguna serrería podía cortarlo; al final, se echó abajo y se quemó. La mayoría de las extensiones que antaño ocuparan los bosques se convirtieron en tierras de cultivo, pastos o plantaciones de otras especies de crecimiento más rápido, como el pino de Monterrey, originario de California. Ello explica pues que los gigantes no tuvieran descendencia y la importancia de la existencia, hoy en día, de árboles como los totaras de Gwavas Station. Michael y Carola Hudson, los dueños de la finca, que cuenta con un total de algo más de 13 km^2 de extensión, son famosos por su jardín exótico, en el que los enormes abetos de Douglas contrastan con el colorido de raras especies de magnolias o rododendros. Los Hudson poseen la finca desde 1858. Los totaras constituyen una grata sorpresa y permiten imaginar el aspecto que debía de presentar Nueva Zelanda en los tiempos en que los maoríes llegaron por vez primera a sus costas: una jungla de plantas trepadoras y pequeños árboles entre los que los totaras destacaban cual imponentes torres.

Los ejemplares de Michael eran demasiado grandes para dejarse retratar por mi cámara fotográfica. Así pues, me fui unos cuantos kilómetros en dirección oeste para fotografiar este solitario totara vestido con pantalones acampanados y situado en medio de un bosque joven. No se trata de ningún gigante, sino tan sólo de un árbol hermoso.

Página siguiente: TOTARA EN LAS PROXIMIDADES DE NAPIER, NUEVA ZELANDA. ANTAÑO LOS GIGANTESCOS TOTARAS DOMINARON LOS BOSQUES MILENARIOS DE NUEVA ZELANDA. HOY EN DÍA, HASTA CUESTA VER UN EJEMPLAR HERMOSO.

El hombre que combatió en una lucha de gigantes

EN MAYO DEL AÑO 1994, Randy Stoltmann, un explorador canadiense 31 años murió como consecuencia de un lamentable accidente de montaña. Canadá perdía así a la persona que más había luchado y de una manera más eficaz para poner a salvo los últimos bosques milenarios del país de las manos de la industria maderera.

El árbol que aparece en la fotografía es un ejemplar de las decenas de miles que él y sus compañeros lograron salvar. En concreto, se trata de una pícea de Sitka (*Picea sitkensis*) situada en el valle de Carmanah, en la isla de Vancouver. Poco tiene que ver con los ejemplares de mayor tamaño; simplemente, me llamó la atención al verlo solitario en medio de un claro abierto por un rayo, completamente recubierto de musgo y helechos.

La pícea de Sitka no suele considerarse como un árbol que destaque por su belleza, al menos en el Reino Unido, pero en estos bosques vírgenes es difícil resistirse a sus encantos, con esas raíces arqueadas en la base, esa corteza grisácea recubierta de musgos y líquenes o la enorme copa que se pierde en las distantes alturas.

Este rincón del bosque se conoce en la actualidad con el nombre de Randy Stoltmann, en memoria de tan insigne defensor de los bosques, pues no en vano fue aquí donde se descubrió el ejemplar de pícea de Sitka más alto del mundo. Bautizado con el nombre de Carmanah Giant («el gigante de Carmanah»), mide un total de 96 m de altura. Pertenece a una familia de árboles gigantescos que estuvo a punto de caer en manos una no menos gigantesca compañía maderera, la MacMillan Bloedel, a quien las autoridades de la Columbia Británica concedieron los derechos de explotación de la región. En esta moderna lucha de gigantes, Randy y diversos grupos de defensa del medio ambiente del oeste de Canadá se pusieron del lado de los árboles, como era lógico imaginar. Tan pronto como las máquinas de los madereros empezaron a abrirse paso por el bosque, los ecologistas dieron la voz de alarma. La campaña fue breve y desesperada, y a su término la compañía maderera se batió en retirada.

Para salvar al Carmanah Giant así como a sus compañeros de bosque había que crear una reserva de grandes dimensiones. Ahora bien, ¿cómo de grande tenía que ser? En un primer momento, la compañía maderera ofreció un mísero reducto de apenas 1 km² de superficie, que más tarde se amplió a cinco. La batalla continuó, hasta que en 1990 el gobierno canadiense logró poner a salvo un total de casi 36 km² de bosque en la parte baja del valle, y creó el Carmanah Pacific Provincial Park. Pero, ¿qué suerte les esperaba a los bosques de la mitad superior del valle, de donde bajaba precisamente el agua sobre la que se sustentaba la vida en la mitad inferior? Los defensores del medio ambiente no dejaron de presentar batalla hasta junio del 1994, cuando todo el valle de Carmanah, con un total de 67 km² de extensión, fue declarado zona protegida, a salvo por tanto de las compañías madereras.

La isla de Vancouver, de unos 450 km de largo, alberga en su margen occidental una gran riqueza de bosques muy antiguos que las madereras llevan años expoliando. Mientras avanzaba por la carretera abierta para permitir el paso de los camiones cargados de troncos, me encontré con uno de proporciones gigantescas con capacidad para cargar hasta cien toneladas de troncos y que ocupaba todo el ancho de la carretera. Los bosques milenarios son siempre un tapiz de múltiples capas, una especie de mosaico de hábitats diferentes. Aquí, sin embargo, lo que predominan son los claros despejados a golpe de sierra mecánica. Muy pronto, monótonas plantaciones de ejemplares de abetos de Douglas los cubrirán.

Se calcula que hacia 1990 las compañías madereras habían talado ya tres cuartas partes del total de bosques antiguos que en 1954 cubrían el sur de la isla de Vancouver, a una media de 80 km² por año.

Espero equivocarme, pero tengo la impresión de que Carmanah fue una excepción. Por una vez, gracias al denodado esfuerzo de Randy Stoltmann, los buenos lograron derrotar a los malos.

Página siguiente: EJEMPLAR DE PÍCEA DE SITKA CANADIENSE EN EL RANDY STOLTMANN MEMORIAL GROVE DE CARMANAH, ISLA DE VANCOUVER. LA PÍCEA DE SITKA MÁS ALTA DEL MUNDO CRECE EN ESTE LUGAR, A SALVO DE LAS COMPAÑÍAS MADERERAS GRACIAS A LA LABOR DE STOLTMANN Y LOS GRUPOS ECOLOGISTAS.

Enterradme en Nolan Creek

EN 1938, EL GOBIERNO FEDERAL DE Washington D. C. accedió a crear un parque nacional a unos 4.500 km de distancia, en concreto en la mitad occidental de la Olympic Peninsula, en el estado de Washington. Al hacerlo, salvó de las sierras de las compañías madereras cuatro valles que albergan un buen número de bosques con árboles muy antiguos, a saber: Bogachiel, Hoh, Queets y Quinault, algunos de cuyos tesoros se han incluido precisamente en este libro. Pero, tal como suele ser costumbre en la costa noroeste del Pacífico, a ambos lados de la frontera entre Estados Unidos y Canadá, los límites del nuevo parque se trazaron de modo que quedara excluido un gran número de los mejores y más antiguos bosques.

El cedro de Nolan Creek que aparece junto a estas líneas creció en el corazón de un antiguo bosque situado en la zona oeste del parque nacional. Hace menos de treinta años, el gobierno autorizó a las compañías madereras para que talaran los árboles de dicha zona. Cuando las sierras mecánicas estaban a punto de echar abajo este soberbio ejemplar de cedro rojo occidental (*Thuja plicata*) y se supo que se trataba nada más que del tercer ejemplar de su especie más grande de todo el mundo, hasta los mismos leñadores se conmovieron y accedieron generosamente a salvar tan espléndido ejemplar, cuyo coste cifraron en la impresionante suma de veinticinco mil dólares.

Y allí sigue desde entonces. Si las compañías madereras confiaban en que el árbol se convertiría en todo un símbolo de sus buenas intenciones, es que sabían muy poco sobre árboles. Y es que el gigante no logró sobrevivir a los intensos vientos a los que quedó expuesto en medio de tan desolador claro. Los primeros en morir fueron los musgos y los líquenes, y más tarde le llegó el turno al propio árbol, en cuyo esqueleto descarnado apenas sí siguen con vida unas cuantas ramas. ¿Qué sentido tenía llegar a este tipo de soluciones intermedias en lugar de salvar el valle entero, tal como se hiciera en Carmanah? ¡Qué ilusión pretender salvar a este rey del bosque cuando todo su reino yace en ruinas! Muy pronto sus huesos también descansarán para siempre en Nolan Creek.

DIEZ BOTELLAS VERDES

Diez botellas verdes
cuelgan de la pared.
Si una de esas botellas verdes
cayese por accidente al suelo,
quedarían otras nueve botellas verdes
colgando de la pared… etcétera.

ANÓNIMO

Los espíritus del bosque

TENGO UN AMIGO EN IRLANDA cuyo padre solía darse a la bebida de vez en cuando. Cuando falleció, mi amigo hizo un jardín con un muro levantado únicamente con botellas para celebrar su larga vida. Se trataba ciertamente de un muro muy largo y al jardín lo bautizó con el nombre de «el jardín de los espíritus que han partido».

Me acordé de este hecho una tarde en la que salí a navegar por las aguas de la bahía de Ifaty, al norte de Toliara, en el sudoeste de Madagascar, a bordo de una canoa. Justo delante de nosotros había una reserva privada de baobabs (tanto de *Adansonia rubrostipa* como de *Adansonia za*) que se había vallado para impedir el acceso de las cabras y que se encontraba en medio de un bosque, a un kilómetro más o menos de la orilla. El sol no apretaba demasiado y el mar era una enorme superficie mucho más lisa que la carretera principal.

Los botánicos franceses que trabajaron para las autoridades coloniales francesas a principios del siglo XX no dieron crédito a lo que vieron cuando descubrieron los tesoros botánicos que habían logrado sobrevivir en Madagascar. En concreto había seis especies de baobabs, cada una de ellas capaz de adoptar las formas más inverosímiles. A medida que me fue adentrando en el bosque, mi asombro fue en aumento. Los árboles habían adoptando la forma de demonios, calaveras, botellas, teteras… Las botellas eran, sin embargo, las que más abundaban. Cuando por fin llegué al grupo donde se encontraban los ejemplares más hermosos, el sol estaba ya poniéndose. La verdad es que es toda una experiencia ver a una familia integrada por unas 40 «botellas» de unos 12 m de altura del color de las patas de los elefantes avanzando silenciosamente hacia uno por entre la maleza.

Por desgracia, los baobabs de Madagascar, al igual que el resto de su extraordinaria flora, se encuentran en serio peligro. En esta árida región del sudoeste el problema no son las compañías madereras. Aquí la amenaza viene del clásico círculo vicioso de los países en vías de desarrollo (pobreza, superpoblación, destrucción del medio ambiente), que con el tiempo acabará por echar abajo hasta la última botella verde del muro de Madagascar.

Página anterior: FAMILIA DE BAOBABS EN LA RESERVA DE IFATY, MADAGASCAR, AVANZANDO SILENCIOSAMENTE HACIA MÍ EN PLENA PUESTA DEL SOL CON EL COLOR Y LAS DIMENSIONES DE LOS ELEFANTES ROSADOS.

Superior: EL BAOBAB MÁS GRANDE DE IFATY TIENE LA FORMA DE UNA TETERA.
Página siguiente: EJEMPLAR DOBLE DE BAOBAB EN LA RESERVA DE IFATY. LOS AGUJEROS QUE SE APRECIAN EN LOS TRONCOS LOS HAN PRACTICADO LOS LUGAREÑOS PARA SUBIR HASTA LO ALTO DE LOS TRONCOS EN BUSCA DE PANALES.

Página siguiente: MAGNÍFICO EJEMPLAR DE «PATA DE ELEFANTE» EN LA RESERVA DE IFATY. ¿ESTÁ CONDENADO A LA DESAPARICIÓN FUERA DE DICHAS RESERVAS NATURALES?

El elefante con una sola pata

LOS BOTÁNICOS NO SIEMPRE están de lo más acertados a la hora de elegir los nombres de las plantas y creo que es precisamente el caso de esta esbelta y hermosa especie de Madagascar. En concreto la bautizaron con el nombre de *Pachypodium geayi* y se la suele conocer popularmente como «pata de elefante». Si en efecto es eso, entonces nos encontramos ante la pata de un elefante realmente único. En realidad, recuerda más la forma de una botella alta y delgada de cristal con una borla de ramas a modo de tapón. Descubrí este hermoso ejemplar en el mismo bosque de Ifaty, al norte de Toliara, en la costa sudoeste de Madagascar. Había visto bastantes fotografías con anterioridad de la especie, pero a pesar de que oficialmente no se encuentra en la lista de especies en peligro, lo cierto es que el único lugar en todo Madagascar donde vi un ejemplar.

El bosque repleto de pinchos y espinas que se halla en el sudoeste de la isla resulta tan curioso como los árboles a los que defiende tras sus temibles barreras de espinos: «patas de elefante», baobabs y demás especies. La mayoría de estos árboles y arbustos son únicos en toda la isla. Esas mismas espinas realzan lo acusado de su personalidad. En una ocasión, un botánico las describió como «espinosas, nervudas, suculentas, o con una savia lechosa y venenosa, a veces todo a la vez».

Al sur de Toliara, tan espinoso bosque se erige en el único protagonista de la franja costera durante algo más de 300 km tras los cuales acaba diluyéndose en la nada. Cuando el conde de Mondave mandó construir en 1768 la plaza fuerte de Fort Dauphin, descubrió que la *ausencia* de semejante barrera de espinos constituía todo un inconveniente. Para completar una muralla defensiva en condiciones no dudó en importar especímenes de un cacto originario de tierras mexicanas provisto de unas temibles espinas desde la cercana colonia francesa de Bourbon, que con el tiempo se llamaría Réunion. El cacto recién introducido se multiplicó con gran rapidez, si bien no logró salvar al conde ni a sus seguidores de morir masacrados a manos de los malgaches. Los colonos franceses apostaron fuerte por el comercio de esclavos. Hacia 1900, cuando la isla se convirtió en colonia francesa, los guerreros antandroy recurrieron al cacto como eficaz arma a la hora de impedir el avance de las tropas francesas. En un momento dado, una columna se vio de repente rodeada de un sinfín de barricadas de tan temible cacto, que los malgaches arrojaron sobre ellos. El contraataque de los franceses fue la cochinilla, que importaron de México. Ésta se alimentaba de los cactos y permitió destruir las temibles barricadas espinosas, trayendo consigo de paso el célebre tinte escarlata.

Me senté al sol para ver cómo los granjeros prendían fuego a la maleza. En su lucha diaria por la supervivencia, los granjeros han devastado gran parte del país. A excepción de unas pocas reservas naturales, los elegantes e imponentes ejemplares de «pata de elefante» parecen estar condenados a la desaparición.

Página siguiente: LA «AVENIDA
DE LOS BAOBABS» DE MORONDAVA,
MADAGASCAR, VISTA AL ATARDECER,
MIENTRAS AGUARDABA LA PUESTA
DEL SOL.

Puesta de sol junto a los baobabs de Morondava

POCAS SON LAS AVENIDAS EN EL MUNDO a las que la gente acude para contemplar una puesta del sol, pero la llamada «Avenida de los baobabs» de Morondava atrae a cientos de admiradores.

En realidad, no se trata de ninguna avenida propiamente dicha con baobabs a ambos lados, sino de una carretera polvorienta a media hora en coche al norte de la población de Morondova, en la costa occidental de Madagascar, que atraviesa un nutrido grupo de baobabs, vestigios de lo que antaño bien pudo ser todo un bosque. En concreto, los baobabs pertenecen a la especie *Adansonia grandidieri*, nombre éste que va como anillo al dedo para el más grande de todos los baobabs existentes, aunque en realidad se basa en los apellidos de dos grandes naturalistas franceses, Michel Adanson y Alfred Grandidier. Por desgracia, se trata de una especie poco frecuente y en peligro de extinción. En ese sentido, un reciente estudio llevado a cabo por un equipo internacional de botánicos la incluyó en la lista roja de especies amenazadas debido a la progresiva disminución de los ejemplares existentes. Y es que a más personas que alimentar, menos tierra disponible para los baobabs. Se conservan algunos otros conjuntos de baobabs dispersos siguiendo por la carretera que sale de Mondorova, pero no parece que nadie se ocupe demasiado de ellos. De hecho, algunos ejemplares se han talado en fechas recientes, tal como lo demuestra el hecho de que hayan brotado renuevos de los tocones. A otros se les ha despojado simplemente de la corteza para construir con ella los tejados de las cabañas.

La «Avenida de los baobabs» se ha convertido en una célebre atracción turística, por lo que en principio no corre peligro, al menos por ahora. Es posible que en total sumen unos cien ejemplares y la verdad es que proyectan una estampa única, como la que pueda ofrecer un paisaje daliniano.

En realidad, ya había tenido la oportunidad de contemplar con anterioridad dicha estampa a través de postales, que se venden en cualquier hotel o tienda para turistas. Tras verla, alquilé un taxi con otros turistas para que me condujera hasta el lugar en cuestión y de ese modo poder fotografiar el conjunto de baobabs durante la puesta del sol. Pero diez minutos antes del que tenía que ser el momento culminante, el sol desapareció tras un puñado de nubes.

Al día siguiente regresé con dos horas de margen para preparar la cámara en el mismo eje de la avenida y mentalizarme para asistir a uno de los momentos álgidos de todos mis viajes a lo largo y ancho del mundo.

Eran las seis de la tarde y cinco minutos. ¿Dos minutos más? La sombra del sol empezó a rozar la base de quince troncos de grandes proporciones. El azul claro del cielo empezó a teñirse de tonos rosáceos. ¿Había llegado por fin el momento adecuado? Nunca antes había tomado una fotografía durante una puesta del sol. Y, entonces, de entre la multitud de simpáticos turistas que se hallaban junto a mí al otro lado de la carretera salió una oronda señora belga con una diminuta cámara fotográfica y se colocó justo delante del objetivo de mi cámara.

Tragué saliva. ¿Para aquello había arriesgado mi integridad física subiendo eucaliptos y saltando vallas con puntiagudos pinchos de alambre?

Los viajeros, como los poetas (la frase es de Richard Burton), pertenecen a una raza airada. «*S'il vous plaît!*», exclamé con voz firme, y la titánide se amedrentó. Entonces el objetivo abrió su único ojo y los baobabs en aquella puesta del sol fueron por fin míos.

Derecha: Puesta del sol
en la «Avenida de los
baobabs», sin duda el
momento más mágico
de cuantos viajes
he realizado.

Localización de los árboles fotografiados

ÁFRICA

Botswana

Baobab, *Adansonia digitata*, Kalahari.

Madagascar

Adansonia za, cerca de Morondava.

Baobab, *Adansonia grandidieri*, cerca de Morondava.

Baobab, *Adansonia rubrostipa*, cerca de Toliara.

Ficus, *Ficus haronii*, Ambohimanga.

«Pata de elefante», *Pachypodium geayi*, Toliara.

Marruecos

Argán, *Argania spinosa*, Agadir.

Sudáfrica

Alcanforero, *Cinnamomum camphora*, Vergelegen.

Baobab, *Adansonia digitata*, Klaserie.

Ficus ingens, cerca de Rustenburg, noroeste de Sudáfrica.

ASIA

Japón

Alcanforero, *Cinnamomum camphora*, Atami, cerca de Tokio; ibíd., Takeo.

Cedro japonés, *Cryptomeria japonica*, «Jomon Sugi» («el cedro viejo»), isla de Yaku; ibíd., Kirishimi.

Gingko, *Gingko biloba*, templo de Zempukji, Tokio.

Sri Lanka

Ficus benjamina, jardín botánico de Kandy.

Ficus religiosa, «árbol Bo», Anuradhapura.

Ficus sp., jardín botánico de Kandy.

Turquía

Cedro del Líbano, bosque de Ciglikara, Elmali.

Enebro, *Juniperus excelsa*, bosque de Ciglikara, Elmali.

Olivo, *Olea europaea*, Kekova.

EUROPA

Alemania

Roble albar, *Quercus robur*, «Feme-Eiche» («el roble de la justicia»), Erle, cerca de Dusseldorf, Westfalia.

Tilo, *Tilia platyphyllos*, *Tanzlinde* («tilos para bailar»), Grettestadt, Baviera; ibíd., «Wolframslinde» (el tilo de Wolfram von Eschenbach), Ried, Baviera.

España

Drago, *Dracaecena draco*, Tenerife, islas Canarias.

Francia

Haya común, *Fagus sylvatica*, Verzy, cerca de Reims.

Roble albar, *Quercus robur*, «Le Chêne Chapelle» («la capilla de roble»), Allouville, Normandía.

Grecia

Plátano, *Platanus orientalis*, «Plátano de Hipócrates», Kos.

Irlanda

Haya, *Fagus sylvatica*, Tullynally, Castlepollard, Co. Westmeath.

Italia

Alerce, *Larix decidua*, Val d' Ultimo (o Ultental), cerca de Merano, Tirol.

Ciprés, *Cupressus sempervirens*, Verucchio, cerca de Rímini.

Ciprés de los pantanos, *Taxodium distichum*, Santorso.

Magnolia, *Magnolia grandiflora*, Pádua.

Portugal

Araucaria bidwillii, Bussaco.

Ficus macrophylla, Coimbra.

Suecia

Roble albar, *Quercus robur*, «Kvilleken», Kvill, sur de Suecia.

Norteamérica

Canadá

Pícea de Sitka, *Picea sitkensis*, valle de Carmanah, isla de Vancouver.

Estados Unidos

Abeto de Douglas, *Pseudotsuga menziesii* (sólo el tocón), lago Quinault, estado de Washington.

Arce de Oregón, *Acer macrophyllum*, valle de Hoy, estado de Washington.

Cedro rojo occidental, *Thuja plicata*, cedros de Quinault y Kalaloch, estado de Washington; ibíd., Nolan Creek, estado de Washington.

Cicuta occidental, *Tsuga heterophylla*, lago Quinault, estado de Washington.

Ciprés de Monterrey, *Cupressus macrocarpa*, Monterrey, California.

Juniperus occidentalis, parque nacional de Yosemite, California; ibíd., Huntingdon Garden (bonsái), California.

Pícea de Sitka, *Picea sitkensis*, Ruby Beach, estado de Washington.

Pinus longaeva, parque nacional de Inyo, White Mountains, California.

Quercus chrysolepsis, Joshua Tree National Park, California.

Quercus virginiana, isla de John, Carolina del Sur.

Secuoya, *Sequoia sempervirens*, Jedediah Smith State Park, California; ibíd., Prairie Creek State Park, California.

Secuoya gigante, *Sequoiadendron giganteum*, Sequoia National Park, California; ibíd., «El Soltero y las Tres Gracias», Mariposa Grove, parque nacional de Yosemite, California; ibíd., «General Sherman», Sequoia National Park, California; «General Grant», King's Canyon National Park, California.

Sófora, *Sophora japonica*, Edgartown, Martha's Vineyard, Massachussetts.

Tulipanero (o tulípero), *Liriodendron tulipifera*, Monte Vernon, Virginia.

Yucca brevifolia, Joshua Tree National Park, California.

Zelkova serrata (bonsái), Huntingdon Gardens, California.

México

Ciprés de Moctezuma, *Taxodium mucronatum*, «El Árbol», Tule, cerca de la ciudad de Oaxaca.

Oceanía

Australia

Boab, Adansonia gregorii, «The Dinner Tree», Derby; ibíd., «The Prison Boab», cerca de Derby.

Eucalyptus regnans, cordillera de Yarra Range; ibíd., Black Spur, Victoria.

Tingle, Eucalyptus jacksonii, cerca de Walpole, Australia Occidental.

Nueva Zelanda

Kauri, *Agathis australis*, «Te Matua Nghere» («el padre del bosque»); ibíd., «Tane Mahuta» («el señor del bosque»), Waipoua, Isla del Norte.

Rata, Mterosideros robusta, Bushy Park, Isla del Norte.

Secuoya, *Sequoia sempervirens*, Rotorua, Isla del Norte.

Totara, *Podocarpus totara*, Gwavas Station, cerca de Napier, Isla del Norte.

Créditos de las ilustraciones

Página 1: *The Inhabited Tree*, grabado «M. Baynes after a drawing by Mr. Moffatt of Litakou», reproducido en el volumen segundo de *Wanderings in the Interior of Southern Africa*, de Andrew Steedman, Londres, 1835.

Página 3: *Le Dragonnier de l'Orotava*, dibujo de Marchais a partir de un boceto de d'Ozonne, grabado de Bouquet, Francia, siglo XVIII.

Página 12: *Baobab*, grabado anónimo.

Página 24: *Hindu Fakirs Practising their Superstitious Rites under the Banyan Tree*, dibujo de Picart y grabado de Bell.

Página 40: Pintura de un imponente árbol de la Sierra Nevada californiana a partir de fotografías antiguas.

Página 54: *The Dwarf and the Giant*, grabado anónimo de principios del siglo XVIII.

Página 66: *Punishment of the Tcha*, dibujo de W. Alexander y grabado de J. Hall, Londres, 1796.

Página 72: *The Spirits Blasted Tree*, grabado de J. Cuitt, 1817.

Página 86: *The Dracaena Draco or ther Celebrated Dragon Tree at Orotava in the Island of Tenerife*, dibujo *in situ* de J. Williams, 1819.

Página 88: *A Hindu Family of the Banian Caste*, dibujo de J. Forbes, grabado de J. Bombay, 1769.

Página 114: *Shepherd in the Stone Room at Newgate*, grabado anónimo de principios del siglo XVIII.

Página 118: *A Mythical Beast*, grabado anónimo de mediados del siglo XVIII.

Página 130: *«De Cleefste Lindeboom»*, grabado anónimo del siglo XVII.

Página 136: *Adam and Eve*, grabado anónimo al aguafuerte del siglo XVIII.

Página 137: *véase también* página 1.

Página 152: *Port Famine*, dibujo de Goupil y litografía de Émile Lasalle/Thierry Frères, de *Atlas Pittoresque*, París, siglo XIX.

Página 166: *Gum Forest*, dibujo y grabado de «R. E.», litografía del siglo XIX.

Página 176: *Encampment under a Baobab Tree*, grabado anónimo del siglo XIX.

Índice

BLUME

Título original:
Remarkable Trees of the World

Traducción:
Jorge González Batlle

Revisión técnica de la edición en lengua española:
Dr. Xavier Sans Serra
Departamento de Biología Vegetal
Facultad de Ciencias Biológicas
Universidad de Barcelona

Coordinación de la edición en lengua española:
Cristina Rodríguez Fischer

Primera edición en lengua española 2003
Reimpresión 2004

© 2003 Naturart, S.A. Editado por BLUME
   Av. Mare de Déu de Lorda, 20 - 08034 Barcelona
   Tel. 93 205 40 00 Fax 93 205 14 41
   E-mail: info@blume.net
© 2002 Weidenfeld & Nicolson, Londres
© 2002 del texto y las fotografías, Thomas Pakenham

I.S.B.N.: 84-8076-494-5

Impreso en Italia

CONSULTE EL CATÁLOGO DE PUBLICACIONES *ON-LINE*
INTERNET: HTTP://WWW.BLUME.NET